POWER OF DANCE

パワー オブ ダンス

統合セラピーの地図

THE MAP OF THE INTEGRAL THERAPY

ハートコンシェルジュ
主席カウンセラー
向後善之

コスモス・ライブラリー

パワー オブ ダンス――統合セラピーの地図

❖

目次

まえがき――統合セラピーとはなにか

私がサンフランシスコでインターンカウンセラーをしていた頃、同僚にとても優秀なマリーンというカウンセラーがいました。彼女は、実に的確にカウンセリング業務をこなし、クライアントからの信頼も篤く、どうも躓いてばかりの私からすれば、うらやましい存在でした。

ある日、彼女は、ドラッグ依存でうつのジェフという三十代のクライアントを担当することになりました。ジェフは、高校時代からマリファナを吸い始め、やがてよりハードなドラッグを摂取するようになっていき、当時はコカインを常用していました。ジェフは優秀で、有名な大学を卒業後、証券会社に勤め高給を得ていたのですが、コカインが原因でトラブルを起こし、これまで何度か転職をしています。普段はとても静かで紳士的なのですが、コカインをやると、人が変わったように饒舌になり過剰に行動的になります。そうしたハイの状態で株で大損してしまったのが、最初の会社を辞める直接的なきっかけとなりました。ジェフには、最近新しい彼女ができ、彼女からのアドバイスもあり、カウンセリングを受けようと思ったのだそうです。彼は、もう二週間ドラッグをやっていませんでした。

ジェフは、「もうトラウマは克服しました。カウンセリングでは、自分がドラッグなしでも生きていけることを確信したいのです。そうなれば、リサ（ジェフの彼女）も安心すると思うのです」と言います。しかし、マリーンは、彼の視線の微妙な揺らぎや、声の震え、首から肩にかけての筋肉の緊張を見逃しませんでした。三度目のセッションで、ジェフに対し、これらの身体の反応に注意を向けるように、マリーンは伝えました。すると、ジェフの身体の震えが大きくなり、強い感情が湧き上がって来ました。マリーンは、ジェフに今の身体の反応と同じような状態になったことがあるか、小さい頃から記憶をたどってもらいました。

彼は、離婚した母親が、六歳の妹だけを連れて家を出て行ったシーンを思い出しました。アルコール依存でジェフに暴力を振るう父と八歳になるジェフだけが家に残されたのです。この時、ジェフはマリーンの誘導により、半催眠状態になっていました。マリーンは、ジェフに「お母さんに何か言いたいことはありますか？」と問いかけます。ジェフは去って行くイメージの中の母親に向かって、「なんで僕も連れて行ってくれないんだ！」と叫び泣きだしました。

「なんで、僕も連れて行ってくれないんだ！」は、ジェフが八歳の時言えなかった言葉なのです。母親が去って行った後、ジェフは父親からの激しい虐待を受けたので、母親に対しては、なぜ自分を救ってくれなかったのかという気持ちがあったのでしょう。その気持ちを、マリーンは共感的に受け止めました。セッションの後、ジェフは、満足した様子で、マリーンにお礼を言って帰って行ったのだそうです。

このセッションの内容をマリーンはスーパービジョンの席上で発表しました。私は、感動しました。彼女は、クライアントの身体の反応を見逃さず、そこにアプローチするソマティックという手法を見事に使っていたからです。しかし、スーパーバイザーのヘザーは、「そのセッションは、少し急ぎすぎたかもしれない」と言うのです。ヘザーによれば、ジェフのようなドラッグ依存者に対しては、トラウマ体験を扱う時に十分慎重に進めなければならないとのことでした。トラウマ体験に深く入ってしまうとリラプス（再びドラッグをやってしまうこと）のきっかけになりうると言うのです。

案の定、ジェフはリラプスしました。なんと、マリーンとのセッションの帰り道、自分は母親から見捨てられたのだと言う思いが強くなり、コカインを買ってしまったのです。ドラッグをやらない習慣が、まだ十分についておらず、トラウマを思い出すという再体験の苦しさに耐えられなかったジェフは、結果的にドラッグに救いを求めることになってしまったのです。

マリーンのセッションは共感に溢れる良いセッションだったと思います。しかし、アプローチが単純すぎたのです。通常、ドラッグ依存者のセッションは、まずはドラッグをやらない、買わないという習慣を徹底的につけるためのトレーニング的なセッションを行い、その習慣が十分についた頃から徐々にトラウマ体験を扱って行きます。トラウマ体験が少しずつ癒されるようになったら、今度は自己成長に向かうセッションを行うのが、一般的なやり方です。このようにクライアントの状況に合わせて様々な手法を適用していくセラピーは、**統合セラピー**（Integral Psychotherapy）と呼ばれ、欧米の臨床現場で広く行われています。

ここで、統合セラピーがどのように生まれてきたのかを見ていきましょう。

臨床心理学には、**精神分析学**、**認知行動心理学**、**人間性心理学**という三つの大きな流れがあります。

精神分析学は、近代心理学で最初に登場した心理学で、無意識の過程に注目します。人は、不快と感じる欲求・感情・記憶・思考を無意識に抑圧します。そして過度な抑圧がさまざまな精神疾患の原因となると考え、臨床の場では、治療者が患者の心理を分析し、無意識に抑圧したものを意識化することにより治癒が起こると考えます。

認知行動心理学は、最初、行動心理学から出発しました。行動心理学では、心理学が科学であるためには、客観的な事実すなわち行動を対象としなければならないと考え、客観的に確かめることのできる刺激（Stimulus）と、それに対する反応（Response）との結合関係（S−R結合）の関係を明らかにすることが、心理学の仕事であるとしたのです。しかし、後年、S−R結合だけでは人間の心理を説明できないとの批判から、人間の行動と価値観、そして情緒反応の相互作用を考慮した認知行動学派が登場しました。臨床においては、行動心理学、認知行動心理学共に、精神分析学が強調する心的外傷体験の解釈はせず、もっぱら、行動様式や認知様式の修正に焦点をあてます。

人間性心理学は、人間に元々ある、自己実現に向かう精神的成長の欲求を強調します。精神分析学、認知行動心理学が、「人間の不都合な部分を修正する」ことに焦点を当てていたのに対し、人間性心理学派では、人間の心のポジティブな側面を強調します。臨床の場では、セラピストのクライアントに対する共感や無条件の肯定的受容を強調し、クライアントに対し非指示的です。

精神分析学は一九〇〇年ごろ、行動心理学は一九一〇年ごろに登場しました。行動心理学から発展した認知行動心理学は一九五〇年代に急速に発展し、人間性心理学が脚光を浴びてきたのは、一九五〇年代後半からです。この三つの理論（精神分析学、認知行動心理学、人間性心理学）が、お互いに対立した時代が続きました。

しかし、単一の理論・手法では、多様なクライアントの状況に対応できないということが次第に明らかになっていったのです。また、これら三つの理論になんらかの影響を受けながら独自に発展していった臨床心理技法も次々と生まれました。イメージを使ったイメージ療法や、身体の反応に注目するソマティック療法、アートを使ったセラピー、瞑想・マインドフルネスなどです。現在知られている心理療法は、主なもので四〇〇から六〇〇あるとも言われています。

やがて、前述した三つの理論は、人の心のある側面を記述している心理学であり、それぞれは矛盾しておらず、相補的であるという考え方をするセラピストが多くなっていきました。また、手法についても、どの手法が優れているということはなく、クライアントの状況によって適切な手法が変わると考えられるようになりました。一九六〇年代後半になると、三つの理論を必要に応じ適用し、状況にあった手法を採用していくセラピーが広まり、そうしたセラピースタイルは、やがて、折衷主義、統合カウンセリング、統合セラピーなどと呼ばれるようになりました。本書では、統合セラピーという呼び名で統一したいと思います。統合セラピーは、欧米で広く行われています。ちなみに、私がサンフランシスコに滞在していた一九九〇年代後半では、サンフランシスコ在住のセラピストのほとんどが統合セラピーを行っていました。

統合セラピーの利点は、様々なクライアントに対応できるということです。心理カウンセリングなどのセラピーを受けるクライアントは、うつや不安に陥っている人、幻覚や妄想のある方などの精神疾患を持つ人から、精神的には健康で、自己成長を目指そうとしている人、家族の問題を解決したい人、人間関係を改善したいと考えている人など、その動機は多岐にわたっています。またその背景も、様々です。高学歴の人もいればそうでない場合もありますし、大家族出身の人もいれば、親の顔も知らない人もいます。人種も宗教も違います。そうした多様なクライアントに、一つの理論や技法で対応しようとするのには、無理があります。統合セラピーのスキルがあれば、様々な症状やクライアントの状況に対応できますし、精神疾患の発症から回復の全ての段階に対応できるようになります。

前述したマリーンのセッションの失敗は、ドラッグ依存のジェフに対し、ほぼソマティックという身体面からのアプローチのみで対応したことに問題があります。ジェフのようなクライアントには、例えばドラッグに頼らない習慣を身に付けさせ、ドラッグをやってしまうきっかけを知り、ドラッグを服用する前になんらかの対応をとるという認知行動療法的なアプローチを行なった後で、トラウマを扱うセラピーをする必要があったと考えられます。

統合セラピーには弱点もあります。セラピストが十分なトレーニングを受けないまま様々な手法をセラピーに導入してしまうと、未熟なスキルのままセラピーを行うことになってしまうので、かえってクライアントを傷つけるようなことにもなりかねないのです。

私は、California Institute of Integral Studies（CIIS：カリフォルニア統合学研究所）というアメリカの大学院の Integral Counseling Psychology （ICP：統合カウンセリング専攻）というプログラムで、統合セラピーを学びました。臨床心理学の三つの基本的な理論（精神分析学、認知行動心理学、人間性心理学）を学ぶとともに、主要な心理療法も学び、最後は実習生として、スーパービジョンを受けながら実際にクライアントにセラピーを提供するという三年間のコースでした。この三年間で広範囲に渡って基本的な知識と面接技法は学びました。しかし、これだけではとても統合セラピーを行うにはスキル不足です。大学院を修了した後も、統合セラピストは、自分の引き出しを増やすトレーニングを続けなければならないと、当時の先生方からは口すっぱく言われたものです。

❖

本書は、私の二十年ほどの臨床経験を踏まえた「統合セラピーの地図」を提案するものです。私は、現在自己心理学の考え方を基本的な軸にして、そこに認知行動療法、マインドフルネス、イメージ療法、ゲシュタルト療法、アートセラピー、ソマティックスなどを組み合わせたセラピーを行なっています。また、基本的なスタンスとして、近年話題となってきたオープンダイアローグの考え方を取り入れています。オープンダイアローグは、三十年ほど前からフィンランドで行われ始めた心理療法で、これまで治癒が難しいと言われてきた統合失調症（幻覚・妄想などを伴う長期的精神疾患）の治療に効果をあげています。私は、その中でも特に「対話主義」と「不確実性への耐性」に注目したセラピーを行っています。

「対話主義」とは、セラピストとクライアントの対話によりクライアントの体験を理解するための共有可能な言語表現を見つけていくことで、これは、私のセラピーの基本的なアプローチとなります。「不確実性への耐性」は、様々な可能性がある中で、結論が出ていない状態に耐える力を、クライアントが持つことができるようにサポートします。問題解決の方法や自分の進むべき道を安直に焦って決めてしまうと、その結果は大抵失敗に終わってしまうからです。クライアントは、回復の過程でしっかりと自分のテーマを見つめる時間が必要なのです。このオープンダイアローグ的なスタンスは、セラピストとクライアントの相互作用において重要な役割を担うことになります。

本書では、こうした私なりの統合セラピーの地図、すなわち、どのような場面でどのような手法をなぜ採用するのかについて解説して行きます。「地図」は、基本的に人の心を四つのエリアに分けて考えることによって、作られています。四つのエリアとは、「思考」、「情動」、「存在」、「ダンス」のエリアです。人という「存在」があり、その存在が生きて行く中で様々な出来事を経験するたびに、感覚・感情を含む「情動」が働き、その情動の動きを理解する「思考」が働きます。「情動」と「思考」が働く際には、自分とは異なる他者という「存在」との関係性が影響します。その関係性の中で、自己と他者の「情動」と「思考」が複雑に作用し、その結果、その人の「存在」そのものが変容して行くのです。その関係性の中における相互作用を、「ダンス」と呼びます。

これは、二〇一三年に亡くなった日本のセラピスト吉福伸逸さんが提案していた考え[1]をベースとしています。私は、吉福さんのセラピーのアシスタントを長年務めていたこともあり、「まえがき」の中では、吉福さんについてのみ、敬称をつけてお話しさせていただきたいと思います。吉福さんは、心には四つの力、「思考」、「情動」、「存在」、「ダンス」が働いており、その働く領域を「思考」、「情動」、「存在」、「ダンスないしは関係性」の層と考えておりました。私は、「思考」、「情動」を経験しているのは常に「存在」であり、「思考」、「情動」の変容が起こるのは、「存在」が他の「存在」と作り出す「ダンス」によるものだと思います。そして、「ダンス」を有効に利用したものが、セラピーなのでしょう。こうしてみると、四つの力は、階層的に作用するというよりも複雑に相互に作用しあうので、私は、層というよりもエリアと考えた方が説明しやすいと考え、本書では、その考えに従っています。

なお、吉福さんは、最後の著書『世界の中にありながら世界に属さない』の中で、四つの力を「思考の力」、「感情の力」、「存在の力」、「ダンスの力」としていましたが、そのうちの「感情の力」を、本書では、元々吉福さんの使っていた「Power of Emotion」を直訳して、「情動の力」としました。情動とは、感情のうちで、なんらかの体験によって引き起こされる、身体的反応、生理的反応を伴う比較的急激な感情を示します。

もう一つ、本書の根幹になる考え方があります。本書で提案する人間の精神発達プロセスは、「幸せは長続きしない」と言う基本仮説のもとに組み立てられています。幸せが終わってしまうからこそ、人は悩み苦しみ、それが強すぎるときには精神疾患になることもあるかもしれませんが、幸せの終わりは、新たな幸せの獲得、すなわち精神的成長の契機になるという考え方です。

1章、2章は、「幸せは長続きしない」をベースとした発達理論及び、環境が個人に与える影響について述べていきます。3章以降は、「心の四つのエリア」をベースとした統合セラピーの地図の提案になっています。統合セラピーのアプローチ法を中心に知りたい方は、2章から読みはじめてもよいかと思います。

本書が、現役のセラピストの方、セラピストを目指す方の実践の参考になればと思います。また、セラピーを受けてみたいという方にとっては、様々なセラピー手法が、クライアントにどのように作用し、精神的な変容をもたらすのかを垣間見ていただければ幸いです。

〔参考文献〕
（1）吉福伸逸（2015）『世界の中にありながら世界に属さない』サンガ

第１章　統合的精神発達プロセス仮説

　人は、生まれてから死ぬまでの間に、様々な経験をします。幸せな時もあるでしょう。その幸せが永遠に続いてほしいと誰もが願うわけですが、そういうわけにはいきません。想定外の事態や、先送りしていた懸念事項に直面せざるをえない場面が人生の中に訪れます。そのような時は、かつての幸せがあっという間に消えてしまったかのように感じられるものです。

　幸せが消えてしまった時、ある人は混乱するかもしれませんし、またある人は途方にくれるかもしれませんし、絶望的な気持ちになる人もいるかもしれません。そうした状況を乗り越えていこうとする時にも、なぜこんなことになってしまったのかを振り返り、今後は同じような事態に陥らないように自分の考え方や行動を変えていく人もいるでしょうし、もう一度同じような事態に陥っても混乱したり絶望したりしない自己感を持とうとする人もいるでしょう。人によって、反応はさまざまですが、こうした視点に立つと「幸福の終焉」は、決して「不幸」ではなく、自分を変えていくきっかけにもなり得ることがわかると思います。「幸福の終焉」は「成長」の契機とも言えるのです。このように、人は「幸福の終焉」→「混乱」→「落胆」→「自己の変容」→「新たな幸福の始まり」というプロセスを繰り返しながら、発達していきます。とりわけ「自己の変容」のプロセスには、その人の世界観・価値観の大きな変革を伴います。その変革を経ることで「幸福の終焉」は、次の、より大きく安定した「新たな幸福の始まり」を導くことが可能になるのです。これが、人間の精神的発達の原理であると私は考えます。次に、年齢に沿って、人間の発達とそれぞれの時期における課題を見て行きましょう。

1. 成長欲求と発達

（1）乳幼児期　〇～三歳

まず、人の発達を成長欲求という観点から見てみましょう。自己心理学では、自己が傷ついたときに、その傷を修復するための、基本的な三つの心の働きを提案しました。その三つの心の働きとは、「鏡映（ミラーリング）転移」、「理想化転移」、「双子（ツインシップ）転移」の三つです。[1] 鏡映（ミラーリング）転移は「他者から無条件に愛されたい」、理想化転移は「誰かを理想化し、その人のようになりたい」、双子（ツインシップ）転移は「グループ内で有用な人と、なにか共通の資質を持っていたい」という欲求で、自己心理学を作ったコフートは、これらをまとめて自己対象転移と呼びました。

　私は、この三つの心の働きは、心の傷を修復するだけではなく、成長に向かうエネルギーも含むと考えます。このため、本書では、自己心理学の定義と区別するため、それぞれの自己対象転移に成長欲求を加えた心の働きを、「ミラーリング欲求」、「理想化欲求」、「ツインシップ欲求」と呼びます。後ほど説明しますが、成長において、この三つの基本的欲求と同様に大切な欲求が、「好奇心」であると考えます。

　ミラーリング欲求は、生まれた瞬間から存在し、理想化欲求とツインシップ欲求は、その後に生じます。

　さらに、ミラーリング欲求が現れる前に、胎児の頃から存在する欲求があると、私は考えています。それは、「自分を愛したい」という欲求です。スターンは誕生時には、すでにおぼろげに外界を認識する自己感があるとし、それを新生自己感と呼びました[2]。しかし、誕生時から存在する新生自己感が存在するには、その基礎となる何らかの自己感も胎児の間にすでに存在しているはずです。もちろん、胎児の自己感は漠然としたものでしょうが、いかに漠然としていようと、自己を大切に思い、愛そうとする欲求はすでにあると考えられます。これを「原初自己愛」と名付けます。この原初自己愛こそが、吉福の言う「存在の力[3]」の源であると、私は考えます。

　この原初自己愛は、その後のさまざまなイベントにより、脅かされることになります。最初の大きな危機は、出生体験です。平和な子宮から追い出された胎児→新生児は、突然の出来事に恐怖し、この理不尽な事件がなぜ起こるのか理解ができず、混乱します。この段階で、すでに子供の心には「情動の力[3]」が存在しています。さらに、子宮から誕生した以上、世界という新たな環境に対応していかなければなりません。世界に対応するために生まれるのが、「思考の力[3]」です。「思考の力」は、この時点では、まだぼんやりしたものですが、この後、様々な経験をして行くことによって明確な構造になっていきます。

　この新たな環境で、一人ではまだ何もできない新生児が原初自己愛を満足させるためには、誰かから無条件に愛されなければなりません。私は、そうして生まれるのが、ミラーリング欲求だと考えています。そして、それと同時に好奇心が生まれるのでしょう。好奇心とは、自分をワクワクさせるものに注意を払い、原初自己愛を満足させるものを探し出そうとし、逆に自分を落胆させるものについては、その理由を探そうとする欲求です。ミラーリング欲求と好奇心は、自分以外のなにものかの存在が必要不可欠です。なにものかに愛されたいという欲求が、ミラーリング欲求であり、なにものかに関わりたいと言う欲求が、好奇心なのです。つまり、ミラーリングと好奇心が生まれた瞬間、吉福の言う「ダンス[3]」のエリアが誕生するのです。そして、ダンスの力により、人はなにものかからの影響を受け、あるいは、なにものかに影響を与えるのです。

　そして、胎児が子宮から追い出される経験は「幸福の終焉」の経験となります。自分が全てだと信じ、自分だけを愛していればよかった時代は終わり、他者の存在に気づき、他者から無条件に愛される幸せと、未知のものを探求する幸せを知るのです。まさに、人生最初の「幸福の終焉」→「混乱」→「落胆」→「自己の変容」→「新たな幸福の始まり」のプロセスと言って良いでしょう。

この最初の「自己の変容」を経る誕生の際、人は、ほとんどの場合、無条件の愛を持って迎えられます。誕生直後は混乱していますが、やがて、自分の欲求をすべて叶えてくれる存在（ほとんどの場合、母親）に気づきます。お腹が空けば、食事をくれる、排泄は処理してくれる存在です。子供は、そうした存在が、あたかも自分の延長のように感じます。

この時期、母親もまた、子供のことを自分の一部のように感じます。つまり、子供と母親が、同じ心理的な場を共有していると言えます。この時期は、共生期[4]と呼ばれ、母子共々最も幸せなときです。

しかし、時には、この母子の絶妙な連携プレーに狂いが生じます。子供にミルクをあげるのが少しだけ遅れてしまうなどということもあるからです。その経験は、子供にはさらなる「幸福の終焉」と感じられ、最初の「幸福の終焉」であった誕生の体験がフラッシュバックしているかもしれません。子供は、自分の全存在をかけて泣き叫びます。すると、ほどなくして母親はやってきて、ミルクをくれるとともに、「お腹が空いたのね。よしよし」と、共感的にあやしてくれます。子供の無条件に賞賛されたいというミラーリング欲求は、こうして叶えられます。傷つけられた原初自己愛が、母親からの共感によって修復されるのです。こうした経験が繰り返されることによって、子供は、次第に自尊心を育てていきます。自尊心は「自分は、他者から受け入れられるべき人間である」という思いから生まれます。

そうして、段々と子供は母親が少しミルクをくれるのが遅れても、我慢できるようになります。待っている間、自分を元気づけ、慰めることができるようになってくるのです。これまでは母親から一方的に共感的理解をもらっていただけでしたが、自尊心が育ってくると、次なる共感的理解が得られるまで、一時的に自分自身を「元気づける」、「慰める」、「待っている」ことができる能力を、母親から自分の中に取り込んでいくようになるのです。このプロセスを、変容内在化と言います。ここでも「幸せの終焉」に当たる他者の失敗（ミルクをあげるのが遅れたなど）が、変容内在化という「成長」のきっかけになるのです。

変容内在化により安心し、「幸せの終焉」から回復し元気になった原初自己愛は、好奇心を発揮し、徐々に母親以外の対象にも関心を向けるようになります。分離―固体化期[4]の始まりです。一～二歳の分離―個体化期は、ミラーリング欲求と好奇心の戦いの時期です。母親から無条件に愛されたいが、好奇心の働きにより、母―子という共生圏の外へ行きたがる傾向も強くなって、最終的には、母親との共生の圏内から出て行くのです。その頃には、子供は、母親は自分とは別の存在であるということを認識し始めています。自分と他者が必ずしもいつも同じ気持ちではないということに気づき、他人には他人の意思があることを理解するのです。こうして、他人という存在を発見した時に、自我が誕生します。

自我は、自己と他者との間の外交官のような役割を持ちます。この時点で、人の心の構造は、ウォッシュバーンが提唱した、自我極と非自我極の二極構造(5)を持ち始めると私は考えています。自我極には、意識化された感情・思考が、非自我極には、それ以外の、いま現在は表面化されていない感情・思考が存在しています。子供は、これまで原初自己愛の赴くままに感情表現して行動していたのですが、この二極構造ができ始めてからは、感情を選択して表出するようになるのです。例えば、子供は、泣くのを（少しだけかもしれませんが）我慢することができるようになっていくのです。この我慢すると言う「選択」が、ウォッシュバーンの言う原抑圧(5)に発展していきます。

こうした二極構造ができ始めたときに、子供は、母親を他者として再評価するとともに愛すべき人と認識し、自分については、他者から愛されるべき存在であることを確認し、母子間は共生期のフュージョン的な関係から個対個の関係へと変化していきます。これが、再接近期(4)と呼ばれる時期です。

三歳頃になり、時間の概念を得ると、子供は、どうすれば愛されるのか、何をすると怒られるのかを理解し、その経験を防衛的に活かすようになっていきます。その試みがペルソナ（仮面）の形成です。この時期の「他人」は、主に家族ですから、家族の世界観・価値観に合わせてペルソナを形成するので、本書では、そのペルソナを家族ペルソナと呼びます。この家族ペルソナが、自我の基礎を作って行きます。そして、子供は自分がどのような行動をすれば、親から愛されるのかを知り、親からの条件付きの愛に応えるようになります。条件付きの愛とは、何かができたから愛すという形の愛で、例えば「いい子にしてたから、お菓子をあげる」と言った類の愛です。

条件付きの愛は、無条件の愛ほどではなくても、そこそこ気分のいいものですし、条件付きでも愛を受けていれば安全を確保できます。そのため、条件付きの愛は無条件の愛の代用満足となるのです。子供は、代用満足を維持するために家族ペルソナをかぶろうとします。とはいえ、子供はいつも家族ペルソナを被っているわけではありません。この頃の子供は、日々新しい体験をして、その度に、非自我極内から生じる情動のエネルギーが自我極のペルソナを吹き飛ばし、好奇心を遺憾無く発揮することになるからです。

好奇心はそれを満足させる対象に遭遇すると共振し、その結果、好奇心自体が強化されます。そうした好奇心の共振の中で、自分もこの人のようになりたいという対象が現れてくるかもしれません。この強い思いが理想化欲求になっていきます。また、好奇心は、自分と同じような傾向を持つ人たちを求めるようになります。これが、ツインシップ欲求となっていくのです。したがって、理想化欲求とツインシップ欲求の根底には好奇心があると私は考えています。

ミラーリング、理想化、ツインシップの基本的な三つの欲求が幼少期に全て満足させられているというのが理想です。しかし、残念ながら、大抵は、三つの欲求のどれかは、十分に満足されないと言ってよいでしょう。例えば、無条件の愛を受け、ミラーリング欲求を満足させ、こんな人みたいになりたいという対象があって、理想化欲求が満足させられている子供が、もし幼少期から親の転勤で転校を繰り返し、転校先でいじめを受けたというような経験をした場合、他者と同じ資質を自分も持つということをなかなか実感することができないかもしれません。この場合、ツインシップ欲求はあまり満足させられていないのですが、その場合に生じた欠損は、残りの二つの欲求（この場合ですと、ミラーリング欲求と理想化欲求）が満たされていれば、精神的な健康を維持することができると言われています。また、欠損は、後の人生のどんな時期でも、修復可能だというのが自己心理学の主張です。[1]

私は、基本的な成長欲求として、「ミラーリング欲求」、「理想化欲求」、「ツインシップ欲求」の三つの欲求の他に、もう一つ、「好奇心」を付け加えたいと思います。好奇心は、理想化欲求とツインシップ欲求を下支えする役割も果たし、現状維持の状態から自分を前にすすめる成長欲求に繋がっていくと考えられます。好奇心は、いま現在のバランスを破壊し、新しい世界観・価値観を再構築していく精神発達・成長のエネルギーになるからです。

このように、子供は基本的な欲求と好奇心から自我を獲得し、三歳頃から世界と関わることが少しづつ増えてきます。

自我は、前述したように、自我と非自我の二つの極に分かれています。子供は、世界の中で自分の欲求を叶えるために、その世界に通用する顔、ペルソナを作ります。ペルソナは、広がる世界毎に作られて行きます。最初は、家族の前でのペルソナから始まり、やがては友達の前でのペルソナ、公的な場でのペルソナなどなど、その後の人生で多数作られていきます。いくつものペルソナができあがると、そこに共通のルールが出来上がっていきます。共通のルールとは、例えば、「みんなの前では、元気に明るくふるまうべきである」、「大人に対しては、素直で従順であるべきである」、「人から、『面白い』と言われるようになるべきである」などです。このルールが超自我となります。超自我は、自分の中に湧き上がってくる欲求や感情を検閲する、いわば裁判官のような役割です。この超自我によって、心は、よりはっきりと、二つの極に分かれていき、その際に、表現されない欲求や感情は、超自我を形作る共通のルールにより、非自我極側に留め置かれることになります。そして、この「共通のルール」は、原抑圧[5]と呼ばれます。

自我は、世界と関わることが増えると、さらに「個人的自我」と「集合的自我」に分けられます。個人的自我は、あくまで個人がどうあるべきかが主体となって出来上がっており、個人の個性ともなり、その形成と維持には、理想化欲求が大きく関わってきます。一方、自我が複数集まっている集団では、自我同士の暗黙のルールが出来上がっていきます。そのルールにあったペルソナをそれぞれの人たちが被ります。こうしてできるのが、集合的自我です。

（２）児童期、思春期、青年期

三歳以降十一歳頃までの児童期、子供は、家族に承認されるために、家族の一員としてのペルソナ、「家族ペルソナ」を身につけます。家族ペルソナは、家族という集合的自我を反映して作られます。以降作られるペルソナは、同様に、特定の集合的自我を反映します。学童期になると「友人ペルソナ」なども生まれてきますが、この時期は家族からの影響が最も強く、主体はあくまで「家族ペルソナ」です。十歳頃まで、子供は比較的安定しています。その安定が崩れ始めるのが、十一歳頃からです。一つの幸せは、いつまでも続かないのです。

十一歳～十八歳にかけての思春期には、身体の発達、身体的性差の明確化、性意識の芽生え、脳の構造変化（抽象的概念を理解するようになる）などが急激に起こってくるので、大混乱に陥る時期となります。また、この時期は、学校及び生徒仲間などから受け入れられるための「友人ペルソナ」が強固になってくるため、「家族ペルソナ」との葛藤が起こります。

自己の欲求は、次第に「友人ペルソナ」への親和性が強くなっていきます。これは、親にとっては、子供が反抗的になったと映ります。この時期に、家族によるコントロールが強くなりすぎたり、いじめなどによって友人関係を拒絶されたような場合には「友人ペルソナ」をうまく作ることができなくなり、子供は全世界から拒絶されたような感覚を持つかもしれません。さらに、近年では、中学受験をする子供が多くなり、そのストレスも重なります。

こうした混乱のため、不登校、ひきこもり、非行、いじめなどが最も起こりやすい時期となります。この混乱時に負わされる心の傷は、非常に深くなる場合もあり、せっかく獲得した自尊心も、行動力も、所属感も損なわれることになってしまうこともあります。

混乱は、十五歳ぐらいになると次第に収まってきます。その頃になると「家族ペルソナ」よりも、主に同世代に受け入れられようとする「友人ペルソナ」が、優位になっていく場合が多いでしょう。そして、友人たちと共有している価値観が、この世代の主な行動原理になります。その他では、学校を含む社会からの期待に影響を受けます。

この時期に、他者（友人、家族、社会など）から期待されている自分と、自己の欲求とが必ずしも一致しないことにも気づき始めます。自分がどこに向かいたいのか？何をしたいのか？などを、真剣に考え始める時期です。

その後の十八〜二十代の青年期においては、学校を卒業し、社会に属するにあたって、社会に受け入れられるための「社会ペルソナ」を身につける時期になります。学校から卒業したけれど、社会に参加するのを拒むモラトリアムも起こります。彼らは、「社会ペルソナ」を被るのを拒否している場合もあれば、社会そのものに対し、不安を感じて身動きができなくなっている場合もあるでしょう。

また、うまく社会にデビューできたとしても、会社内の人間関係やハードワークなどにより、挫折を感じる場合もあります。中には、転職を繰り返すということになる人もいるでしょう。

三歳～二十代までの、児童期、思春期、青年期において、最も精神的に不調になりやすいのは、十一歳～十五歳の混乱期と、十八歳～二十代前半の学生から社会人への移行期でしょう。その時期には、人生の大きな転機があり、その変化に伴い、世界観・価値観を破壊し、再構築しなければなりません。転機が訪れると、集合的自我は力を弱め、それとともに原抑圧も弱まります。[6]その結果、個人的自我は、非自我極からのエネルギーに直接的にさらされることになるのです。その中で、人は変容し、個人的自我が、新たな集合的自我の保護下に入ることにより、世界観・価値観を再構築することができるのです。そして、この破壊～再構築のプロセスがうまくいかないと、精神的不調になりやすいと言ってよいでしょう。

（３）成人期、ミッドライフクライシス

二十～五十代の成人期は、社会（会社、団体の上司・同僚・部下、取引先など）との関わりから生まれる「社会ペルソナ」が主となる時期です。この間、多くの場合、結婚、出産というライフイベントが起こるので、「親ペルソナ」なども生じますし、プライベートなグループに対応するさまざまなペルソナが生まれます。

学校を卒業し、順調に進んでいた社会人生活も、いつまでも順調というわけにはいきませ

ん。やがて、ミッドライフクライシス（中年の危機）と呼ばれる時期が訪れます。三十代後半から五十代で起こると言われていますが、もっと早い段階で起こることもあります。

それまでの精神的発達は、自分→家族→学校→社会というように、外に向かって広がっていきました。こうした外に向かう発達を、ウィルバー[7]は、外化と呼びました。

外化のプロセスは、やがて限界を迎えます。もうこれ以上劇的に世界が広がるということはなくなったように感じられ、これから先の死に至るまでの人生がだらだらと続いていくように思えてしまいます。日々の生活は、ルーチン化し、好奇心が働くこともほとんどなくなります。自我のみが自分の全てであると思い込み、非自我極からのエネルギーを感じることはほとんどなくなります。それとともに、生きていることに意味を見出しにくくなるのです。

こうした状況になると、これまで身につけてきた「家族ペルソナ」「友人ペルソナ」「社会ペルソナ」「親ペルソナ」などがいずれも、自分そのものではなく、ペルソナ（仮面）にすぎないことに気づき始め、すべてが、虚構のように見えてきたりします。そうした状態が続くと、やがて、自分の人生について振り返り、なんらかの形で自己探求をするようになるかもしれません。このプロセスが内化[7]です。

内化のプロセスが始まると、集合的自我が消えて行くように感じられます。そして、ペルソナが剥がされ、自分自身の内面に目を凝らすようになるので、今まで目をそらしていた自分自身の暗部に直面することになります。

自分がこれまで目をそらせていた暗部に直面すると、全てのものがごまかせなくなってきます。ささいな不協和音もちょっとした不調和も見逃さなくなるのです。そうした傾向は、場合によっては強迫的なレベルにまで達することになるでしょう。

さらに内化のプロセスが進むと、しだいに、自分は何者でもないといった感覚に襲われるようになります。自分自身の内面が完全な暗黒、あるいは、全くの無に見えてくるのです。タイトルの意味は、どんどん失われていきます。タイトルとは、自分がよりどころにしてきたペルソナのことです。会社で良い評価を得ている、いい学校を出た、そこそこイケメンだ、英語が少しできる、子供が優秀だ、などなど、これまで自分を支えていたこうしたタイトルが支えきれないくらいの深い空虚感を感じるようになるのです。そうした空虚感は不安を呼び、そのため、これまでのように自信を持った行動がとれなくなっていきます。そして、タイトルで自我を防衛することができないので、個人的自我はダイレクトに傷つくことになります。この状態がミッドライフクライシスです。

（4）ミッドライフクライシスからの回復

一時的といっても、ミッドライフクライシスの混乱は、深刻なものになりがちです。これまで、児童期、思春期、青年期の混乱をなんとか乗り切ってきたわけなのですが、そこで解決しきれていない問題が蓄積されており、外化から内化への転換期に、それが一気に吹き出してくることも少なくありません。極端な場合、過呼吸や動悸や激しい痙攣といった激しい身体症状を示すことや、妄想・幻覚といった精神病的症状を示すこともあります[8]。こうした症状は、その人の敏感さがきっかけとなっているとも言えます。この時期、集合的自我から個人的自我は追放されたような形になりますので、自我極の構造が脆弱で傷つきやすい状態になるのです。こうした脆弱な状態は、神経が研ぎ澄まされるような状態になっているとも言えるでしょう。このような敏感な状態になると、さまざまな微細なゆらぎに気づくようになります。他者のほんのちょっとした感覚・感情の変化に気づくようになるでしょうし、完璧に美しかったはずのものの中に、醜さを発見するようになります。他者への信頼はゆらぎ、世界から絶対性が消え、安定は永遠に失われてしまったかのように感じられます。このように世界が揺らぎ始めると、全てが作り物に見え、他人の顔がそのひとそのものではなく、仮面に見えてくるかのように感じ始めます。そのとき、自分自身も仮面（＝ペルソナ）を被っており、それがもはや脱げなくなってしまっていることに気づくのです。今まで自分だと思っていたものが、自分自身ではないことに思い至るのです。自分の顔のままでいられたのは、幼少期のほんの一時期に過ぎず、その後は、周囲の状況に合わせた仮面を被り続けることにより、自分の顔を失ってしまったのです。そして、ペルソナが、自分自身を苦しめてきた諸悪の根源のように感じられ、それが、ペルソナに対する嫌悪感にまで発展するかもしれません。これまでよりどころとなっていたアイデンティティは失われ、自分が誰だかわからない状態になっていきます。

このような自分を失ってしまった混乱は、やがて恐怖に、そして悲嘆・絶望へと進んでいきます。そんな中、なぜ、人は、仮面＝ペルソナを被る必要があるのだろうか？という疑問が頭をもたげてきます。そして、あるとき、その答えにたどり着きます。

ペルソナが、自分自身の最も大切なものが傷つかないように守っていてくれたことに気づくのです。ペルソナの必要のなかった幼少期のままで大人になってしまったら、その過程で、その人は社会から徹底的に批判され阻害され、その結果、基本的な三つの欲求も好奇心もなくなる「精神的な死」に至ることもあり得たのです。三つの欲求と好奇心は原初自己愛から生まれてきました。つまり、「精神的な死」とは「原初自己愛の死」でもあるのです。ペルソナは原初自己愛を守るために、必要なものだったのです。このことに気づいた時、その人のペルソナに対する嫌悪感は薄らいでいき、ある種のいとおしさすら感じるようになります。いとおしさの先には、原初自己愛があります。これが、自己受容のプロセスのはじまりになります。

この段階になると、人は、過去に起こした数々の失敗を受け入れ、自分の欠点を防衛しないようになります。これまで目をそらせていた自分の暗部を、ただ静かに見つめることができるようになります。例えば、自分が嫉妬深いことに気づくかもしれません。しかし、その

「嫉妬」という気持ちを見つめていると、背景には「自分を無条件に見てほしい」というミラーリング欲求があることに気づき、そのとき「嫉妬」という暗部すら受け入れることができるようになります。この暗部を含めて、自分自身を愛する気持ちが原初自己愛です。このとき、人は、原初自己愛そのものと、幼児期以来久しぶりに、ダイレクトに再会するのです。

それが自己受容の瞬間です。自己受容は、静かな高揚感へと続いていきます。その後、人はなんの防衛もせずに自分自身を、そして、世界を見始めるのです。世界は再び輝きを取り戻し、自分はひとりではなく、他者と世界と繋がっていると確信します。自己受容に伴うこのような一連のプロセスは、至高体験と言われます[8]。

至高体験の瞬間は、自分自身に全く矛盾がなく、自分に潜在するあらゆる才能を一〇〇%発揮できるかのように感じます。この状態がしばらく続くと、人は、新たな挑戦をはじめるでしょう。そして、その挑戦は、自己実現に向かいます。順調に行けば……。

（5）高次の危機

自己実現とは、自分自身を俯瞰的に見つめることができ、自分自身の潜在性を遺憾なく発揮できる状態です。非自我極の欲求に自我はしっかりと気づいています。そして、非自我極から生まれるエネルギーは、無駄なく利用することができます。非自我極と自我極には矛盾が無くなります。集合的自我に気づいていますが、個人的自我が、それに従属的に影響を受けることはありません。そのため、無自覚にペルソナをかぶることは無くなります。

しかし、それはゴールではありません。あらゆる自己実現は、部分的覚醒にすぎないのです[6]。つまり、全ての面で自己実現したわけではないのです。人の心のある部分に矛盾が無くなり、非自我のエネルギーがその部分においてのみ、発揮されるようになっただけなのです。従って、まだたくさんの未解決のテーマが存在しているのです。

自分が自己実現をしたと信じている人の中には、自分は全ての問題を解決したと思い込む人がいます。そうなると、やっかいなことが起こります。自我肥大を起こし、病的な自己愛の状態になり、解決していない部分が明白になりそうになると、それを必死になきものとしようとします。全てを〝All Good－All Bad（○か一○○か）〟で判断するようになるのです。未解決な問題が自分の中にあってはならず、その結果、そうした問題は自分から切り離され、他者に投影されるようになります。すなわち「投影同一視」が起こるのです。そして、あくまで、自分を常に正しいというポジションに置こうとします。

部分的な自己実現で開いた非自我極とのパイプから湧き出てくるエネルギーは、自己正当化に使われ、その流れの中で、徹底的に他者を攻撃するようになることもあります。このような状態は、もはや成長ではなく退行なのですが、当人達は、自分が高みに達したと勘違いしているため、自分の高次な覚醒に疑いを挟むような意見や態度は許さなくなり、他罰的・

暴力的になることもあるでしょう。また、自分の覚醒を証明すると考える神秘的な体験に固執することもあります。神秘的な体験をすることが自分の成長の証だと思ってしまう、スピリチュアルな物質主義に陥る人たちも出てきます。こうした例は、破壊的な活動をしてしまったカルト、政治・思想団体などに、しばしば見られる傾向です。

ウィルバー(7)は、この暴走状態を以下のように表現しています。

先回りして至高体験することはできますが、後で追いつき、統合し、合併しなければならないのです。さもなければあなたは、いわば「頭でっかち」になりすぎて、低次の構造、心と身体、大地と五感への接地も、いかなる接続もないまま、上へ上へと浮かんでいってしまうのです。

このような暴走に向かわないためには、先述したように自己実現と言われるものが実は部分的な覚醒であるということをしっかりと心に刻み込むことが大切です。成長にゴールはなく、そこにあるのは、あくまで成長途中の「今ここ」なのです。さとりの境地やトランスパーソナル心理学の諸理論で言われるような、あらゆる二元論が消滅するような高次の成長段階は、成長の方向性を示すもので、「ここまできたらゴールだ」というものはないのです。

傲慢さを避け、謙虚な態度を守り、既知の枠を超え、認知の地平を広げ続ける、つまり、自分のアイデンティティを破壊し、再構築し続ける勇気があれば、人は成長し続けるのでしょう。その過程で、マズロー[9]の言うような「高原体験」が訪れるかもしれません。それは、至高体験のような刹那的なものではなく、平穏で幸福な体験で、かつ恒久的な体験です。しかし、それすら、ゴールではないのが、人の成長なのでしょう。

（6）死への準備期、臨死期

　五十代後半ごろから、肉体的衰えと共に、人は、いやおうなしに、死を意識し始めます。今までできていたことが次々にできなくなりますから、それまで維持してきたペルソナを脱がなければならなくなります。社会的地位も失うと共に、これまで自分の実力だと思っていたものは、地位というペルソナにすぎず、組織から離れた途端、そのペルソナを支えていた集合的自我から追放されたように感じるかもしれません。さらに、体力も知力も衰えていきます。こうした事実を受け入れるのは苦しい作業です。肉体的衰えをかたくなに否定し、社会的地位にしがみつく等の執着を見せる人たちもいるかもしれません。しかし、それは、大なり小なり誰にでもあるプロセスなのでしょう。

　そうしたプロセスを経て、老いを受け入れることにより、ペルソナを維持することをひとつひとつ諦めるようになります。ペルソナを諦めるたびに、自我防衛機制は薄れ、より自分自身に近づいていく、つまり非自我極と自我極の間の矛盾がなくなっていきます。

さらに、死が近づいてくると、そのプロセスが、精神的成長の最後のチャンスとなります。来るべき死を受け入れることにより、残ったペルソナを捨てることができるかもしれません。

ペルソナに頼らなくなるということは、自分自身を暗部も含めて受け入れているということです。そういう状態になると、他者に対しても受容的になります。もちろん、例えば暴力的行為など許容できない行為はあるでしょう。しかし、そうした行為に至った心情については切り捨てるのではなく、理解しようとするでしょう。なぜなら、自分の中にも暗部があることを受け入れているからです。その時、その人には、自己と他者という二元論を超越したトランスパーソナルな心理状態になっています。しかし、二元論の消失と言っても、それは自我極―非自我極の分離前の乳幼児期とは異なります。乳幼児期は、訳も分からず全ては自分の一部だと思っているわけですが、トランスパーソナルな心理においては、自己と他者を認識しながら、つながりを確信しているのです。自己を受容しながら、他者に対しても共感的受容が起こるのです。

これまで、誕生から死までのライフイベントとそれに伴う「幸福の終焉」→「混乱」→「落胆」→「自己の変容」→「新たな幸福の始まり」という繰り返されるプロセスを見てきました。このプロセスは、「価値観・世界観の破壊」→「価値観・世界観の再構築」→「(新しい価値観・世界観の)習慣化」とも言うことができるでしょう。幸福が頓挫するたびに、新しい価値観・

世界観を作っていくからです。このプロセスが起こるたびに、人は変化します。その変化は通常は成長につながりますが、中年期の危機における神秘体験への固執のように、逆に退行に向かうこともあります。いずれの方向に進むにせよ、「幸福の終わり」は変化するためのきっかけになり得るのです。

わかりやすく、主要なライフイベントと心の成長についてだけを述べてきましたが、それ以外にも人生の中のさまざまな経験の全てに「変化」のチャンスがあると言ってよいでしょう。近親者との死別、病気、災害、事故、リストラ、失恋、暴力被害などの危機的な体験も、「変化」と「成長」のきっかけになり得るのです。また、全ての人がここで示した通りのコースを進むわけではありません。非常に早い段階で自己受容から（部分的な）自己実現に進む人もいるでしょうし、老年期になっても自分の暗部から目をそらそうとする人もいるでしょう。また、成長と退行を繰り返す人もいるでしょう。そのプロセスは、人それぞれです。

〔参考文献〕

（１）コフート，H. (1995)『自己の治癒』みすず書房
（２）スターン，D.N. (1989)『乳児の対人世界 理論編』岩崎学術出版社
（３）吉福伸逸 (2015)『世界の中にありながら世界に属さない』サンガ
（４）マーラー，M. (1981)『乳幼児の心理的誕生』黎明書房

（5）ウォッシュバーン , M. (1997)『自我と力動的基盤――人間発達のトランスパーソナル理論』雲母書房
（6）Kogo, Y. Aum Shinrikyo and Spiritual Emergency, *Journal of Humanistic Psychology* Fall 2002 vol. 42 no. 4 82-101
（7）ウィルバー , K. (1986)『アートマン・プロジェクト』春秋社
（8）グロフ ,S.、グロフ ,C.（1987）『魂の危機を超えて――自己発見と癒やしの道』春秋社
（9）マスロー , A.H.（1973）『人間性の最高価値』誠信書房

第2章　心の傷とその影響

1. 見えないコントロール

第1章でお伝えしたように、人の成長過程には節目となるライフイベントがあり、その節目を乗り越える時には「幸福の終焉」→「混乱」→「落胆」→「自己の変容」→「新たな幸福の始まり」というプロセスが起きます。このプロセスが起こり得る主なライフイベントをまとめると以下のようになります。

・〇～三歳：出生直後から乳幼児時代の混乱
・十一～十五歳：児童期から思春期への移行における混乱
・十八～二十代前半：学校主体の生活から社会人デビューする際の混乱
・三十代後半～五十代後半：ミッドライフクライシス
・六十代以降：死への準備
・その他：近親者との死別、病気、災害、事故、リストラ、失恋、暴力被害などこうしたライフイベントをうまく乗り越えられないと心に深い傷を受けますが、それ以外にも日常生活の中で心に傷をつける、外からは見えにくい操作・介入・搾取といったものが存在します。それらを総称して「見えないコントロール」と本書では呼ぶことにします。この、日常生活の中での「見えないコントロール」によって、心に傷を負ってセラピーを受けに来る人が、私の臨床実感としては最も多いと言えます。

「見えないコントロール」は、一つ一つは些細なのですが、執拗に長期間繰り返される操作・介入・搾取であり、あらゆる暴力や支配的コントロール（職場でのハラスメント、いじめ、DV、虐待、ネットでのバッシングなどを含む）の背景に存在します。「見えないコントロール」は、一見では正しいことをしているようにも見える精神的暴力で、周りからは気づかれにくいと言えましょう。それを見抜くためには、パターンを知ることです。代表的なパターンを以下に示します。

・ダブルバインド

全く相反する／矛盾するメッセージを、ほぼ同時に投げかけることです。例えば、「今日は無礼講だ。何を言ってもいいぞ」と言った上司に対し、部下たちが何か発言したら「なんだそんなことしか言えないのか」と怒られ、何も言わなかったら「覇気がないな」と嫌味を言われるなどです。いつもは「勉強なんてできなくてもいいぞ。健康であればそれでいい」

と言っている親が、子供の成績を見て、「こんな成績しか取れないのか」などと言ってしまうこともわかりやすい例です。

・ミスティフィケーション(1)

他人の気持ちを勝手に決めつけ、すり替えようとするものです。例えば、母親が娘に対し、「○○ちゃんは、あんなひらひらした服、嫌いよね？」などと言うことです。本当は、○○ちゃんは、ひらひらした服が好きなのですが、この場合には、母親が勝手に娘の好みを決めてしまっているのです。ミスティフィケーション（mystification）は、直訳すると神秘化という意味です。「人の気持ちを神秘的にあやふやにしてしまう介入」という意味なのでしょう。

・他者との比較

常に他人と比較することです。例えば、勉強の成績の良くない弟に「お兄ちゃんもできたのだから、あなたもやればできるはずよ」と言うことなどです。親は子供を励ましているつもりなのでしょうが、言われた子供の方は、出来の良い兄に対し、劣等感を持つようになるでしょう。また、「やればできる」という言葉は、危険です。これを言われた子どもは、敏感に「今、自分はできていない」と感じるでしょうし、一生懸命努力をしているにも関わらず「自分は努力が足りない」と思い込むようになるでしょう。

・三角コミュニケーション

その場にいない第三者を引き合いに出して、相手をコントロールしようとすることです。例えば、課長が部下に対し、「最近の君はやる気がないのではないかと、みんな言っているぞ」といった言い方です。この場合、本当に「みんな」が、その部下に対し「やる気がない」と感じているのかどうかはわからないのですが、それを言われた部下は落ち込みます。こうしたコントロールを本書では、「三角コミュニケーション」と呼びます。

・あなたのため攻撃

「あなたのためよ」、「君のために言っているのだ」と言いながら、いつの間にか自分の価値観・考えなどを相手に押し付けることや、自分の行っている操作・介入・搾取などのエクスキューズに使われることもあります。「私が、君に厳しく当たるのは、君に期待してるからなのだ」などです。

・完璧主義の押し付け

他人が完璧に物事を行うように執拗にこだわることです。例えば、算数の苦手な子どもが奇跡的に九〇点をとったとき、それを褒めるのではなく、「なんで、あと一〇点とれなかったんだ。そういうところが、お前は甘いんだ」などと言ってしまうことです。

・罪悪感を与える

例えば、「どうして、私を悲しませるようなことをするの？」という言い方などです。この場合、常に「見えないコントロール」をする側が、被害者の立場になります。その際、相手のほんの少しのミスや手違いを針小棒大に批判したりします。また、正論をふりかざし、正義の名のもとに相手を徹底的に攻撃するということもあるでしょう。

・人格攻撃

例えば、考え方の違う相手に対して、「そんなことするなんて、人間的にどうよ」、「お前は、非国民だ」などです。自分の価値観や期待と異なる結果が出ると、相手に対し、人格まで否定してしまうのです。

これらの手口は、多くの人はどこかで使ったことがあるかもしれません。しかし、時々やってしまうレベルであれば、問題はありません。「見えないコントロール」のレベルになると、こうした対応を四六時中行い、相手が折れて引き下がるまで、決して諦めません。次に、「見えないコントロール」の例として、「ミスティフィケーション」が多用された、かみ合わない会話を二例、示します。

〈かみあわない会話　その1〉[2]

患者：「僕の洗濯物を持ってきたかい？」
母親：「調子はどうなの？」
患者：「洗濯物は持っているの？」
母親：「悲しそうね」
患者：「僕は大丈夫だよ」
母親：「私に怒っているの？」
患者：「そうだよ」

〈かみあわない会話　その2〉

母：「あら、どうしたの？　嬉しそうね？」
子：「今日ね、タケウチ君の豪速球を打ち返したんだ！」
母：「そうなの？」
子：「真っ芯で打ち返したんだよ！」
母：「洗濯物は、ちゃんとカゴに入れておいてね」
子：洗濯物をカゴに入れながら、「それでね、その打球が、レフトの頭上を越えて行ったんだよ。僕にはね、それが見えたんだ。だからね……」

母：「ちゃんと、カゴに入れることができるようになったのね」
子：「それでね、僕は、二塁に向かったんだ。そうしたらレフトのチバ君がずっと向こうまで走っていくのが見えたんだ」
母：「チバ君って、ご両親が離婚して、この前、万引きで捕まった子よね？」
子：「でも、野球はうまいよ。それでね、チバ君は、僕の打球を追いかけていた。僕はそれを見ながら、二塁を回り、三塁まで行った。そうしたら、チバ君は、フェンスから跳ね返った僕の打球をお手玉しちゃったんだ」
母：「そういうものなのよ。チバ君みたいな子は、いざという時ダメなのよ」
子：「いや、チバ君は、野球では、活躍するよ。この前のX学園との試合でも、逆転二塁打を打ったし……。でね、そのチバ君が、もたもたしてたんだ。僕は、チャンスだと思って、三塁を蹴って、ホームに向かったんだ」
母：「あら、爪が伸びているわね。爪を切りなさい。お母さんは、爪が伸びている人いやなの」
子：「爪は切るよ、それでね……」
母：「爪を切りなさいよ。いい子だから」
子：「もう、いいよ……」

会話〈その1〉は、統合失調症で入院している患者とその母親の会話です。患者は、洗濯物がどうなったのかだけを気にしているのですが、母親は、息子が悲しんでいる、あるいは怒っていると決めつけて、その思い込みを修正しようとしていません。

会話〈その2〉では、小学校五年生の息子の会話です。本音では子供に野球などしてないで勉強してほしいと思っている母親と、本音では子供に野球などしてないで勉強してほしいと思っていますが、息子は、多分、これまで全く刃が立たなかったエースピッチャーのタケウチ君から、ホームランを打ったのでしょう。しかし、その話に至る前に気力が萎えてしまいました。母親は、執拗に「息子がチバ君と遊ばないように」介入しています。親の離婚や万引きまで引き合いに出して、チバ君は悪い子であるという意識を植え付けようとしています。

両方の会話に共通しているのが、共感の欠如です。心象風景は共有されず、間主観的な場も当然ながら形成されていません。親は子供を理解しようとはせず、自分の価値観を執拗に押し付けようとしています。それも、そのしつこさは、尋常ではありません。

このような介入を四六時中毎日のようにされていたら、子供は、自分の中から生じる欲求・感覚・感情を否定するようになり、周りに合わせた仮面の世界の中だけで生きようとするでしょう。原抑圧は、親の価値観によって強化され、非自我極からのエネルギーは、表面に出てくることができなくなっていくでしょう。子どもは、自分が何が好きで何をやりたいのか、何に感動して、何に怒っているのか、わからなくなっていきます。自己感の喪失です。

2. トラウマと複雑性トラウマ

「見えないコントロール」を長期間受けると、複雑性PTSD[3]と呼ばれる反応を起こします。複雑性PTSDは、通常のPTSDと違うという考え方があります。単発的なトラウマ、例えば、事故や事件などによって受ける影響と、「見えないコントロール」のように長期断続的に受ける影響は、同じではないという考え方です。

まず、そこに違いがあるのかないのか、あるとしたらどこが違うのかを検討して行きましょう。

トラウマとは、災害、事故、事件などの中で、自身の死に直面するような体験、ないしは、身近な人の死を目撃するなどの体験と定義されています。その結果、起こりうるPTSDは、トラウマ体験時の記憶が反復的、不随意的に蘇ったり、トラウマ体験を示す悪夢を見たり（再体験）、トラウマ体験があたかも再び起こったように感じるフラッシュバックがあったり（解離を伴う再体験）、トラウマ体験をした場所、その体験を思い起こさせるような場所を避けようとしたり（回避）、その体験を象徴するような、あるいは、それに類似する、内的または外的きっかけに対する顕著な生物学的反応が現れたり（身体症状）といった症状に特徴づけられる精神疾患と定義されています。[4] トラウマ体験には「煉瓦積み」効果があり、外傷や暴力への暴露は、累積的あるいは加算的で、ある限界を超えた「投与量」の外傷が加えられれば、いずれPTSDの発症に至ります[5]。

ここでは、「精神疾患の分類と診断の手引[4]」に従って、精神疾患と書きましたが、こうした外傷症状は通常範囲を越えた有害な経験への正常な反応なのです[5]。

一方、複雑性PTSDは、フラッシュバック、感情・感覚の平坦化、解離に特徴づけられます。慢性的な罪業感（とりかえしのつかないことをしてしまったという感覚）、恥辱感、自己非難、永久に癒えることのない損傷を受けたという感覚、無能力感、人は分かってくれないという感覚、外傷的出来事の矮小化などが起こります[3]。

また、複雑性トラウマを受けてきた人は、常に緊張状態にあります。これは、どこから介入やコントロールがやってくるかわからないことによるものでしょう。彼らの身体はつねに危険に対する警戒状態にあるのです[3]。この結果、呼吸が浅く、場合によっては、過呼吸を起こしたり、偏頭痛を起こしたりすることがあります。そして、こうした身体症状が慢性化することもあります。また、無能力感や分かってくれる人がいないという感覚から、人との接触を避けるようになるかもしれません。

こうしてみると、PTSDと複雑性PTSDでは、現れてくる症状としては決定的な違いはないようです。PTSDも複雑性PTSDも、再体験、回避、身体症状といった特徴が見られます。ただ、その内容が微妙に違います。PTSDの再体験は、トラウマ体験そのものを思い出すわけですが、複雑性PTSDの場合、それが「見えないコントロール」になればなるほど、抽象的な再体験になるわけです。こうした場合は、「やさしい母親の夢を見ているはずが、振り返った母親の顔が般若のような顔になっている。しかし、なぜ、母親が般若の顔をしているのか、なぜ、自分が母親に恐怖を感じているのかがわからない」といった夢を見るかもしれません。「見えないコントロール」を受け、複雑性PTSDになっているそのクライアントにとっては、自分がコントロールを受けているということが明確にわかっていないからです。「何かに追われて一軒家に逃げ込むのですが、そこが毒ガス攻撃に晒され、ドアの隙間やダクトから少しずつ侵入してくる」といった夢を見たと言う人がいました。毒ガスはまさに「見えないコントロール」を象徴しているのでしょう。フラッシュバックについては、恐怖の感情や絶望感、ぞっとする感覚など、感情・感覚のみがなんの前触れもなく蘇るようなことがよく起こります。

回避についても同様です。PTSDの場合は、明確に自分がトラウマ体験をした場所、その体験を想起させる場面を避けようとします。宝石店で強盗にあったのなら、宝石店には行きにくくなるかもしれませんし、津波にあった人は、海岸線を歩くのを避けようとするでしょう。一方「見えないコントロール」を受け続け、複雑性PTSDになった人は、誰がコントロールしてくるのかわからないのです。「あなたのためよ」と笑顔で近づいてきた人たちから、巧妙にコントロールされてきたというような経験をしてきているからです。したがって、彼らが、人全般との付き合いを避けるようになってきても不思議ではありません。そのため、彼らの回避は、他人からも自分自身も理由のよくわからない不登校や出社拒否といった形で現れてくることが少なくありません。

PTSDの人の身体症状は、トラウマ体験を想起させる場面やフラッシュバックと共に起こりますが、複雑性PTSDの人の場合、常に緊張状態にありますから、原因不明の慢性的な症状になりがちです。肩こり、首の痛み、偏頭痛、呼吸困難、過呼吸、動悸などが、明確なきっかけがなくても起こります。突然、呼吸の仕方を忘れてしまった小学四年生の女の子がいました。彼女は、遠足でバスに乗っているとき、酔わないように外を見ていたら「私の呼吸のやり方は、これでいいのかな?」と思いはじめてしまったのです。そのうちに呼吸のやり方がわからなくなり、このままでは死んでしまうのではないかという思いに至り、結局、過呼吸になったのです。その女の子の家は、両親とも教員だということもあり、教育熱心で、彼女も良い成績でしたが、彼女は両親からミスティフィケーションや完璧主義、他者との比較などの「見えないコントロール」をずっと受けてきていました。彼女は、小学三年生あたりから偏頭痛がひどく、鎮痛剤が手放せなかったそうです。

このように、PTSDと複雑性PTSDの症状は基本的に同じだと考えられますが、その現れ方は、前者の場合、きっかけが比較的はっきりしているのに対し、後者の場合は、「見えないコントロール」の度合いが強くなればなるほど、明確なきっかけなしで、様々な症状が起き、その症状は原因不明のまま慢性化することが多いと言えるでしょう。

複雑性トラウマを受けることにより、原抑圧は歪んだ形で強化され、非自我極と自我極の情報交換は、非常に限定されたものになります。自分の内部から湧き上がる感情は検閲され抑圧されます。そのため、感情の平坦化が起こり、無表情になっていき、無気力になっていきます。そうした状態で、人生の節目となるライフイベントに直面すると、価値観・世界観を破壊し、再構築するという変容のプロセスを進めることができにくくなります。そのため、不安障害やうつ、ある種の精神病を発症することが少なくありません。私は、ほとんどの精神疾患の背景には、複雑性トラウマ、特にその中でも「見えないコントロール」が多いと考えています。

従来は、こうした「見えないコントロール」は、家族、学校、職場などの限られた場所で行われていました。ですから、環境を移せば、コントロールから逃れることができたのです。例えば、侵入的な家族によるコントロールに苦しんでいた子どもが、学校では生き生きしているなどということも可能でした。しかし、近年、パソコンやスマホの普及により、四六時中監視され、コントロールされるということが起こってきています。以前は学校だけで済んでいたいじめも、ネットの中では、いつまでもどこまでも追い詰められるなどということが起こっています。また、週刊誌やテレビでも、激しいバッシングが行われます。そうした記事を読んだり、テレビを見たりしていると、「正しくない」ことをした人は、徹底的に追い詰めてもいいのだという空気が出来上がります。そうした空気が、「正しくない」ことをすると、大変な目に遭うという恐怖感を生みます。これが、社会的な「見えないコントロール」になります。多くの人が空気を読み、他人の心を忖度して、自分を失っていくという状況が生まれています。しかし、本当は「正しい／正しくない」を判断することは、とても難しいのです。行為が正しくないとしても、そこに至った経緯は共感できることもあるからです。でも、そうしたことは「見えないコントロール」下では考慮されることはありません。

このように、残念ながら、現在の日本の社会には、人を複雑性PTSDに導く要素が満ち溢れているのです。

3. 欲求の傾向を知る——自己心理学の観点から

トラウマ体験や複雑性トラウマ体験（「見えないコントロール」も含む）により、好奇心や、自己心理学の提唱する基本的な三つの欲求は著しく損傷を受けます。ここからは、主に、臨床の場で最も多く見られる複雑性トラウマ体験の与える影響を見ていきます。これまで見てきたように、全ての暴力的介入の背景には、「見えないコントロール」の要素があります。「見えないコントロール」は執拗で、相手が納得するまで諦めません。そして、相手が納得する手段として暴力行為という「見えるコントロール」に発展していく場合も少なくありません。そうしたコントロールを受けることによって、自我は、非自我極から分断され、その代わりに集合的自我に合うようなペルソナを被ることによって、自己感を失っていくのです。

　あらゆる支配とコントロールは、条件付きの指示・要求・強制によって行われます。それは、無条件の愛、あるいは無条件の肯定的受容といったものと対極にある対人関係になります。条件を付けるのですから、「付ける側」と「付けられる側」というパワーバランスのある関係、あるいは、主従関係になっていきます。そこで共有される感覚・感情・思考・行動は、パワーバランスの上の者の世界観・価値観に合ったもののみになります。愛されるためには、この世界観・価値観に自分を合わせなければならないのです。このような関係では、無条件の愛を求めるミラーリング欲求が満たされることはありません。

　例えば、先に例を出した〈かみ合わない会話２〉の野球少年は、エースピッチャーのタケウチ君からホームランを打ったことをお母さんにもいっしょに喜んでもらいたかったのです。でも、お母さんの関心は野球にはなく「爪を切りなさい」と言いました。このお母さんは野球少年の息子と、全く違う心象風景の中で会話しているのです。少年は、タケウチ君の豪速球を打ち返して、レフトに勢い良く飛んでいった打球を思い描いているのでしょうが、母親は、息子の伸びた爪しか目に写っていないのです。

　このようなコミュニケーションでは、好奇心もくじかれます。彼は、タケウチ君の豪速球を打つために毎日練習したのでしょうし、どうやったら打てるのか研究もしたでしょう。それは好奇心の働きによるものなのですが、彼の母親が喜ぶことではなかったのです。こうして、度々、他者に否定されると、人は自らの内面から浮かび上がって来る好奇心は、他者からは受け入れてもらえない危険なものだという認識になって来るのです。

自分の感動や好奇心が共感を生まないという経験が続くと、世界は無機質なものになっていきます。そして、自分は無価値であるという思いに固執してしまい、不安定になり、自尊心が失われていきます。彼らは、外の価値観に自分を合わせるようになります。空気を読み、忖度することを覚えるのです。彼らは、素直で従順です。また、自分を主張しようとしないので、謙虚に思われることも少なくありません。彼らの中にはセラピーの中で、しばしば「私の話なんてつまらなくないですか？」と、セラピストに聞いてきたりします。中には、自分がお金を払っているにもかかわらず、セラピストを喜ばそうとすることすらあります。これは、彼らの自尊心が低いため、自分自身をOne Down Positionに置いているからなのです。この結果、彼らは外見は「いい子」に見えますが、その内面は、平坦な荒涼とした世界になっていきます。そうした、いい子を演じてきた中学生の文章を次に示します。

「私の世界はきれいです。なんのシミもなく、一点のくもりもなく、道路にごみが落ちていることなんかもありません。大勢の人はいます。みんなで、何かしゃべっています。でも、私には彼らの声が聞こえないんです。そして、みんな私がいることに気づいてくれないんです。『私は、ここにいるよ！』って叫んでも、誰も振り向いてくれないんです」

あるクライアントは、そうした世界を「プラスティック・ワールド」と名づけました。それは、「きらきらして、永遠に美しく、しかし、なんの温かみもない世界」なのです。

「見えないコントロール」は、子供の理想化対象にもツインシップ対象にも影響を与えます。つまり、理想とする人物像も友達関係も制限を受けるのです。

前述した野球少年は、プロ野球選手を理想像とするかもしれませんが、親からは、その理想像に対して、良い顔をされないかもしれません。それよりも、一流大学を卒業し、弁護士として活躍している親戚のおじさんを理想化するように仕向けるでしょう。「野球選手って不安定でしょ？」と言いながら「おじさんみたいな弁護士さんになれるといいわね」と、ミスティフィケーションを駆使して洗脳しようとするでしょう。

また、かの野球少年は、自由にツインシップを感じる友達を選ぶことはできません。野球少年は、一流大学に進学するため、あれだけ好きだった野球を禁じられ、塾に通わされるようになり、交友関係はその塾に通う友達だけに制限されるようになります。

理想化欲求が叶えられないと、人は目標を設定し、その目標達成に向けて努力することができにくくなります。他人に無理にあてがわれた環境では、お手本となる人が見当たらないし、そのため、自分で作る自分自身のための行動規範ができにくくなるのです。

ツインシップ欲求が叶えられない人は、社会への所属意識が希薄になり、孤立するか、あるいは、グループの中で承認してもらうために過度の努力をして、バーンアウトしてしまうかもしれません。

ゆえに、そのような背景を持つクライエントはセラピーの場で、セラピストと自分の共通点を探そうとする傾向が強く出ることがあったり、セラピストを理想化しようとするかもしれません。

このように、「見えないコントロール」により、好奇心と、三つの基本的欲求は否定され、歪められます。しかし、この全てが完全に否定されてしまったら、人は生きていくことができません。ほとんどの場合、親による巧妙な「見えないコントロール」をかいくぐり、人は、なんとか好奇心と、三つの基本的欲求を叶えようとするのです。家では叶えられない欲求も、外の世界では叶えられることもあるのです。そして、どれかの欲求が満足されたら、他の欲求が十分に満たされていなくても、その影響をある程度補うことができるのです。例えば、無条件の愛が十分に与えられず、ツインシップ対象も見つけられなかった子供が、特定の人に興味を持ち、その人が理想化対象となったら、その人のようになるにはどうしたら良いか考え、努力するようになるでしょう。そうした試みにより、その人は自己感を回復していくことが可能になっていくのです。

4. ナルシシスティック・エクステンション

「見えないコントロール」という虐待をする親達の心理には、主に二つの要素があります。

ひとつは、完璧さへの執着であり、もうひとつは、親─子の境界のあいまいさです。彼らにとっては、自分の子供に対する思いや行為は完璧であり、それ故、自分の子供も完璧であるはずであり（完璧さへの執着）、さらに、自分の延長である子供は、自分の行為に一〇〇％満足しているはずと認識し、自分の考える理想と子供が考える理想とは完璧に一致する、と考えているのです（境界のあいまいさ）。このような心理過程は、ナルシシスティック・エクステンション[6]と呼ばれます。彼らは、自らの自己愛的な欲求を、他人（多くの場合は子供）を代役として実現しようとする傾向があるとして説明されます。

ナルシシスティック・エクステンションに支配されている親達は、子供のことをなんでもわかっているという自信に満ち（例えば、カウンセリングルームでのセラピストからの子供に対する質問を、常に親が代わりに答えてしまうなど）、子供の進路に対する明確なランキング・システムが存在し、子供の達成したゴール（一見、子供自身が設定したゴールに見えても、実は親が設定したゴールである事が多い）に同一化しがちで、逆に、子供が自分の設定したゴールに達さなかった時、子供以上にがっかりしたりします。

ナルシシスティック・エクステンションは、前述したダブルバインド、ミスティフィケーション、完璧主義の押し付け、他人との比較といった形で表れてきます。彼らは、自分の周りの人間（多くの場合は子供）が、自分の期待通りに動いてくれないと、自らが否定されたような気持ちになり、言いようのない不安や恐怖に襲われます。そのため、子供が自分の理想とするコースをはずれそうになると、そのコースを修正するために、過剰で執拗な努力をすることもあります。そうした過剰な努力の例を以下に示します。(6)

〔例〕

母親は、自分の息子が「最高の」大学に行くことを希望していました。そして、彼女にとって「最高の」大学はハーバードでした。息子は、とても優秀で、ハーバードの入試には失敗したものの、いくつもの超一流校の入試に合格し、その中からプリンストンを選び、進学しました。彼にとって、ハーバードに落ちたことは問題ではありませんでした。なぜなら、彼の進みたい分野では、プリンストンの評価の方が高く、充実した教育が得られると考えていたからです。確かにハーバードはよい大学ですが、全ての分野で一番という訳ではありません。彼は、プリンストンで勉強を始めたのですが、母親は「息子がハーバードに落ちた」ことがどうしても我慢なりませんでした。そこで、ハーバードの当局者達とかけあい、結局、息子をプリンストンからハーバードに転校させてしまいました。

この例では、母親は、自分の自己愛的な欲求を、息子を代理として実現しようとしています。彼女にとって、息子は、彼女の自己愛的な延長（ナルシシスティック・エクステンション）であり、ひとりの個人ではありません。母親は、自分の延長である息子がハーバードに入学したことで満足を得るのでしょうが、息子にとっては、なんらメリットがありません。息子である彼は、深い無力感を感じたに違いありません。このような介入を受け続けた子供は、たとえ優れた資質を持っていても、それを自らの中に認めることができなくなります。

ナルシシスティック・エクステンションは、現在の日本で非常に多く見られます。子供を有名校に進学させようと過度に奔走する親、子供の結婚相手にあれこれ条件をつける親、子供が勤める会社に病気で休むと連絡してしまう親など、ナルシシスティック・エクステンションの例は、数多く見られます。

そうした親の希望を達成できなかった子供の自尊心は、深く傷つけられてしまいます。親は、子供以上に目標に到達できなかったことにがっかりするかもしれません。その結果、子供は、親から見捨てられたと感じることにもなるでしょう。

一方、ナルシシスティック・エクステンションの傾向のある親は、自分の子供が達成した成果をあたかも自分の成果であるかのごとくふるまうことも、少なくありません。そのため、子供たちは、自分が達成した成果を自尊心に反映することが難しくなります。「親がいなければ、目標を達成できなかった」という意識が強く残ってしまうからです。

このように、親のナルシシスティック・エクステンションは、子供の精神的な不調の原因となることが多いのです。

[参考文献]

（1）Laing, R. D., Mystification, Confusion and Conflict., 〝Intensive Family Therapy,〟 Rds, Boszormenyi-Nagy, I., and Framo, J. L., Harper & Row., NY: USA, 1965

（2）ホフマン ,L. (2006)『家族療法の基礎理論』朝日出版社

（3）ハーマン ,J.L. (1999)『心的外傷と回復』みすず書房

（4）『DSM-5 精神疾患の診断・統計マニュアル (2014)』医学書院

（5）シャウアー，M.、ノイナー，F.、エルバート，T. (2010)『ナラティブ・エクスポージャー・セラピー』金剛出版

（6）McWilliams, N., *Psychoanalytic Diagnosis.*, Guilford, NY: USA, 1994

Maxmen, J.S., Ward, N.G., *Essential Psychopathology and its Treatment* 2nd. ed., W.W. Norton & Company, Inc., New York, NY: USA, 1995

【コラム】ナルシシスティック・エクステンションと日本の社会

近年、カウンセリングに訪れる人たちに最も多いのが、組織内の人間関係に悩む人たちです。彼らの多くが社会の中での閉塞感を感じており、中には、自分の気持ちがわからないという人たちもいます。こうした状況は、自己感を奪うナルシシスティック・エクステンションが深く関わっており、その傾向は、少なくとも敗戦後から始まっていると、私は考えています。

このコラムでは、社会とナルシシスティック・エクステンションの関連と、その結果としの、アイデンティティの希薄な心理的傾向について述べていきたいと思います。

1. 敗戦によるアイデンティティの喪失

健全な自己感を持つ人は、自分自身の感覚、感情、欲求と思考、行動に、大きな矛盾がありません。それに対して、不健全な自己感は、自分の中に矛盾が生じた状態となります。不健全な自己感とは、自分の外の価値観に自分を合わせすぎてしまい、本来の自分と異なる「偽りの自己」が出来上がってしまった状態とも言えます。環境に急激な変化が起き、その変化に遅れることなく自分を合わせていかなければならないような状況では、その変化による混乱を新たなアイデンティティの確立へと変容させる時間的余裕もなくなるため、偽りの自己が生じやすいのです。

一九四五年の日本の敗戦は、日本人の精神構造に大きな影響を与えました。そして、それは、変容内在化して新たなアイデンティティを確立するには、あまりに急激な変化でした。

例えば、終戦の年の十二月には、「日本は侵略戦争を行い、アジアや世界の人々に対して次々に残虐行為をした。つまり、満州事変以来、日本人はあらゆるところで侵略を繰り返して世界を動乱に導き、これら軍国主義の横暴によって国民はひどい目にあった」という内容の「太平洋戦争史」が、GHQからの命令により、新聞に載るようになりました。[1]

また、作家で精神科医の加賀乙彦氏は、次のように著書の中で語っています。[2]

マッカーサーが厚木基地に到着した八月三十日には、アメリカに反旗をひるがえす者など誰一人いない。親も周囲の大人たちも新聞も知識人と言われる人々も、「これからの日本は民主主義の国だ。自由だ人権だ」などと話している。その変わり身の速さ！

加賀氏の話は、敗戦の二週間後のできごとですから、驚きです。これだけの大きな価値観の転換がありながら、戦争に対する冷静な検証も内省もなされることはありませんでした。保阪正康氏は、著書『あの戦争は何だったのか[3]』の中で、敗戦の翌年一九四六年の時の記憶を、次のように述べています。

学校でよく映画館に連れて行かれ、アメリカが戦時中撮った戦闘の記録フィルムを見せられた。画面では、日本の特攻隊の飛行機が、次々と撃ち落とされている。そうすると私たち小学校二、三年生が観ている中で拍手が起こるのだ。誰が拍手をしているのか見ると、教師たちであった。私自身そうした記憶はトラウマのように頭に残っている。こういうことが平和教育だったのだ。

マスコミや教師など、敗戦により地位を失わなかった知識人達は、戦前戦中には「鬼畜米英」、「八紘一宇」、「一億玉砕」などの軍部のプロパガンダを応援してきたのですが、その上位に過敏で下位に傲慢な姿勢は敗戦を期に、あっさりと過敏さを向ける対象を軍部からGHQに代えていきました。このように、意見を百八十度変えながらも何の内省もなく、自分は正しいという立場を変えず、自分の新たな価値観に沿わないものは軽蔑し、攻撃を加える彼らの姿勢は、ナルシシスティックなモラルハラスメントの基本的なスタンスとも言えると思います。

敗戦当時、小学生から思春期あたりの人達の多くは、この安直な価値観の転換の中で、アイデンティティが崩壊するような感覚に見舞われたと思います。「日本の軍国主義によって国民も世界の人々も苦しんだ」という価値観を強要され、日本全体が内省もないままにそれを受け入れてしまった戦後においては、過去を否定することで偽りの自己を作り上げていくしかなかった人達、あるいは、過去の一方的否定に根差した価値観に違和感を持ちながら内的な葛藤を抱えたまま生きていかざるを得なかった人達が数多くいたと思います。つまり、多くの人達が、新たなアイデンティティを獲得するのに失敗してしまったとも言えます。そして、侵略的で無謀な戦争をしてしまったという日本人としての恥の感覚を持ちながら、その恥の感覚を挽回しようという意識が、日本のその後の発展の原動力の一要素になっていったと私は考えています。

2. 高度成長期とナルシシズム

この影響は、次に登場してくる全共闘世代にも大きく影響しました。彼らはかつての軍国主義、大日本帝国主義への嫌悪や反発を叩き込まれて育ち、日米安保条約に反対し、六十年安保闘争、七十年安保闘争の中心的存在になっていきます。安保反対の背景には「原爆許すまじ」、「水爆実験反対」などの平和主義の声が高まっていたこと、および、安保改正が、改憲・再軍備につながるのではないかという危惧がありました[1]。しかし、六十年安保のデモが終了した直後の週刊文春の見出しは、「デモは終わった、さあ就職だ[1]」であり、七十年安保の五年後には、荒井由美（現：松任谷由美）作詞の「いちご白書をもう一度」がヒットしました。この曲の二番は、次のような詞です。

僕は無精ヒゲと　髪を伸ばして
学生集会へも　時々出かけた
就職が決まって　髪を切って来た時
もう若くないさと　君に言い訳したね

君も見るだろうか　「いちご白書」を
二人だけのメモリー　どこかでもう一度
二人だけのメモリー　どこかでもう一度

詞：荒井由美

「いちご白書をもう一度」がヒットした頃、予備校生だった私は「えっ？　就職しちゃうの？」と驚きましたし、少々当惑したものです。

侵略的で無謀な戦争をしてしまったという日本人としての恥の感覚の中で育った当時の全共闘世代の人達は、安保闘争をはじめとする学生運動によるエネルギーの発散によって、新たなアイデンティティを確立しようとしたのかもしれません。彼らは軍国主義という日本の悪しき過去のイメージを、水爆実験を行い、ベトナム戦争に突入していったアメリカに投影し、それを攻撃することによって過去に対する恥の感覚を払拭しようとしたのではないか、また、戦前戦中の人々を、全く異人種かのように捉え、自分達自身のことを、彼らのような愚は犯さない人間と規定しようとしていたのではないか、と私は思うのです。

しかし、それはかりそめの解決に過ぎません。人は、黒白の二元論では本当に物事を理解することはできません。誰の中にも、黒の部分と白の部分があります。変容内在化し、次の成長段階に進み、新たなアイデンティティを獲得するためには、過去の価値観や世界観を徹底的に見つめ、挑戦すること（直面化）が必要です。自分自身をごまかさずに、自分の中のネガティブな部分を含め、ありのままを見つめるプロセスを欠くことはできません。単に、環境が要求する価値観に服従するだけでは、過去を乗り越える成長は起きません。そこにあるのは、一時的な自己満足だけです。このような自己満足は、代用満足と呼ばれます。

こうして、脆弱なアイデンティティはそのままに、当時の学生達は学生運動というお祭りを卒業し、就職して高度成長下の企業戦士になるという、次なる環境が要求する価値観に、自らを同一化させていきました。これは戦後の日本が変容内在化のプロセスをバイパスしてしまったひとつの要素でしょう。

もうひとつの要素が、2章の冒頭に書いたナルシシスティック・エクステンションです。戦没者三百十万人以上[4]とも言われる戦争によって、将来への希望や欲求を捨てざるを得なかった人達が、自分の子供達に失われた希望を託すようになり、その中でナルシシスティック・エクステンションが広まり、ナルシシズムの傾向を持つ人が増えたことで変容内在化のプロセス自体が難しい世の中になったように思います。

私は敗戦後十二年目で生まれたのですが、私の少年時代にはすでに受験戦争とか教育ママという言葉がありました。主に都市部の小中学校では、教育熱心な親が、なぜかしょっちゅう学校にいて、先生達と談笑している風景も見られました。学校は子供と先生の世界ではなく、親が侵入してくる世界となりました。子供の世界である学校への親の侵入は、やがてモンスターペアレントの出現によって、ますます顕著になっていきます。そして、親子が一体となって子供の偏差値を上げることに全力を注ぐような世の中へとつながっていきます。

3. 終身雇用と年功序列の崩壊と歪んだ自己主張の蔓延

これまで述べてきたように、敗戦によるアイデンティティの喪失とナルシシスティック・

エクステンションにより、日本にナルシシズムが蔓延する土壌ができたと言えます。

高度成長期を迎えた日本は一億総中流とも言われ、次の年は今年より生活が豊かになるであろうという希望が常にあり、この成長は永遠に続くという幻想の中にいました。また、大企業を中心に終身雇用制と年功序列が導入されていて、大きな失敗が無ければ安心して生活することができました。その安心感はアイデンティティの喪失に伴う不安を覆い隠すことができました。

しかし、ジャパン・アズ・ナンバーワンと言われるようになったバブルの頃から、ナルシシズムの傲慢さが現れてきました。私は当時企業に勤めていたのですが、ひとりでシカゴに出張に行った時、夕食に入ったレストランで日本人のサラリーマンと思われる数人が食事をしているところにでくわしました。彼らはビールやワインを飲みながら、大声の日本語で店のサービスに対する悪口を言っていました。「アメリカはメニューに工夫が無い」とか「こんなサービスをしているからアメリカはダメなんだよ」といった具合でした。シカゴは大都市ですから、日本語がある程度わかる従業員もいたと思うのですが、そんなことはおかまいなしのようでした。

この頃の日本は国全体が浮かれていて、限りない成功の幻想に囚われ、自分達が〝特別〟であるという意識を持っていました。こうした傲慢な「特別感」は、戦前の軍部を中心に持っていたナルシシスティックな自我肥大と全く同じメカニズムにより生まれたものです。一般の人たちの中にもマネーゲームにのめり込み、自分の資産を増やしていく人達が出てきました。「株で数百万円儲けた」、「数百万の車を買った」などという話が日常的に飛び交いました。現場でコツコツ働くよりも、お金を動かして稼いだほうが賢いといった価値観が蔓延していき、日本人の最も得意とする職人芸的な緻密さは軽んじられるようになっていきました。

また、協調性や「同じ釜の飯を食った」といった組織内での一体感よりも、独自性や個の成長に関心が集まるようになりました。「これからは、個性の時代だ」などと言われるようにもなりました。自己探求系、自己成長系、自己啓発系などの様々なセミナーやワークショップが、あちこちで開催されました。個を超える成長を扱うトランスパーソナル心理学が最も影響力を持ったのはこの頃です。自己実現、スピリチュアリティ、パワースポットなどという言葉が知られるようになりました。

一九八〇年代から九〇年台前半のこの頃の日本全体の高揚した気分に冷水を浴びせることになったのが、バブルの崩壊と、それに伴う終身雇用制と年功序列の崩壊、そして成果主義の導入です。もはや企業は安心できる場所ではなくなりました。人々は安全を確保するために、常に自分をアピールしなければならなくなりました。自分の立場を決定する対象に対し、超過敏な状態になり、自分の安全が確保されている環境を求めて自分の有能さを示すための努力をするようになっていきました。

バブルの頃にも日本人はもっと自己主張しなければならないという価値観が生まれていま

した。それまでの日本で尊重された「協調の精神」だけでは、グローバル化された世界の中でやっていけなくなったからです。しかし、日本に導入された自己主張は歪んだものになっていきました。

欧米では、少なくとも公の場では、自己主張とは意見の多様性を許容し尊重した上でなされるものです。地位や立場に関係なく反対意見はOKであり、意見が違うからと言って人格批判されることはありませんし、少数意見も尊重されます。

が、日本で見られる自己主張には、最も大切な「意見の多様性を尊重する」という部分が欠けています。そのため自分の権利のみを主張し、相手を威嚇し、自分の意見を押し付けることを自己主張と勘違いする人達が増えてしまいました。バブルが崩壊し、常に自分をアピールしなければ落ちこぼれてしまうのではないかという不安が、更にその傾向に拍車をかけていきました。

こうして脆弱なアイデンティティの基盤の上で、終身雇用と年功序列の崩壊による不安が過敏性を、歪んだ自己主張の導入が傲慢さを強化し、日本型のアンビバレントなナルシシズムを形づくっていきました。

バブルの頂点から崩壊に至る時期、世界では大きな出来事がありました。一九八九年、日本では昭和天皇が崩御し、年号が平成に改まった年ですが、世界に目を向けると、天安門事件が起き、ベルリンの壁が崩壊し、一九九一年の一二月には、ソビエト連邦が崩壊します。

これと共に、日本では野党第一党だった社会党が縮小し、左派の知識人の発言力が弱まり、戦後リベラルと言われる立場が、次第に力を失い始めるわけです。そして、日本は、いわゆる右旋回を始めます。

一九九〇年代後半になると、「南京虐殺はなかった」などという主張が見られるようになります。そうした流れの極端な、最も歪んだ結果は、二〇〇〇年代に入ってから聞かれるようになるヘイトスピーチとして表出することになります。この戦後リベラル派の失速からの右旋回も、戦後の日本の急激な価値観変化と同様で、十分な内省のないまま、いつの間にか進んでしまっているのです。

4. 「勝ち組」「負け組」の二極分化と格差社会

戦後の日本は、皆が平等で差別が無く、自由に自分の道を選択でき、努力をすれば誰もが自分の夢を実現し得る社会のはずでした。建前上は確かにその通りですが、現実はそうとは言えません。多くの場合、学力がなければ、選択の幅は狭められていきます。よい大学に行かなければ、よい就職先はなかなか見つかりません。そして、その「学力」は、非常に限定された偏差値なるものによって測られます。

偏差値で測れる能力というのは、与えられた課題を教えられた通りにきちんとやり、問題の本質を考えるよりもどうやったらその問題を効率よく解けるのかに注意を集中し、効率よく解く方法を覚える能力を測るものさしにすぎません。自分の頭で考え、戦略を立て、自分のアイデアを実現していく創造性や独創性、指導力、説得力、人を鼓舞する能力、人を惹きつける能力などは全く測れないと言ってよいでしょう。偏差値競争に勝つためには、思春期に「人生とは何か?」「生きるとは何か?」などの哲学的テーマに耽溺してはいけません。恋愛もほどほどにしなければいけませんし、小説も読みすぎてはいけません。ましてや、文学青年などになったらおしまいです。また、欧米の青年達のように、大学に入る前に自分のこれからの人生を考えようと、バックパッカーになって世界を回ってみようなんて考えはご法度です。こうした傾向は、よい大学を目指すのなら中高一貫教育が望ましいとのことから中学受験が当たり前のようになってきた最近では、ますます拍車がかかっていると言えるでしょう。

選択の自由があり、皆が平等であると言いながら、今の日本の世の中では、偏差値競争に敗れたら「負け組」と評価され、暗黙のうちに差別されます。負け組になれば大企業に就職するのは難しいですし、出世もおぼつきません。負け組が敗者復活をしようとしても、それはいばらの道です。

このように、現実の世界では偏差値という非常に狭い価値観の中での差別が公然と行われているのに、学校では「平等」が過度に強調されます。運動会では足の遅い子が差別されるからといって徒競走がなくなったり、主役になれなかった子がかわいそうだからといって、クラスの女の子が全員少なくとも一場面では白雪姫を演じるなどというわけのわからない学芸会もありました。

このように、今の日本の社会では人々は、偏差値社会による差別という現実と、皆が平等であると言う建前とのダブルバインド（矛盾するメッセージによる拘束）にさらされています。

多くの人達は、自分の内側から湧きあがる内的欲求に目を向けるいとまがなく、まわりからの要求に合わせることに全精力を傾けていき、それに成功すれば、傲慢なナルシシズムの傾向を強め、「負け組」に転じそうになると、あるいは転じてしまったら、見捨てられ不安を強めていきます。「勝ち組」「負け組」を明確に作ってしまう現在の社会システムは、傲慢さと過敏さを兼ね備えたアンビバレントなナルシシズムの傾向をより強くしていくのです。しかし、やがて「勝ち組」も安心できない時代になりました。ちょっとした失敗で足を引っ張られる世の中になっていったからです。「足の引っ張り合い」のわかりやすい例であるネットや週刊誌などのメディアによるバッシングは、二〇〇〇年あたりから、年々強くなっています。

5. 二極分化する社会における病理

現在の日本では、偏差値競争に勝ち残っていった人達が、社会人としてのスタート時点では「勝ち組」に見えるかもしれません。その中には、無理に無理を重ねて、やっとの思いで「勝ち組」の座を勝ち取った人たちが数多くいます。そうした人たちの中には、アンビバレントなナルシシスト達が少なくないと言ってよいでしょう。彼らは、環境（親や学校など）からの要求に従順に、脇目も振らず、より偏差値の高い学校を目指して、その目標をクリアしてきた人達です。

社会にデビューしてからは、アンビバレントなナルシシストは上司からの指示をそつなくこなします。右肩上がりのグラフを入れた美しい資料を作り、彼らのプレゼンテーションは会社の方針からはずれることはないので、上司達の耳には快く響きます。

彼らの上司に対する物腰は謙虚で、決して上司に異を唱えることはありません。上司が「今年は十億の売り上げを目指そう」と言えば、「いえ、十二億までは可能です」のようなことも宣言します。彼らは上司にとっては、どこまでも「かわいい奴」なのです。このため、彼らは、組織の中で評価され、順調に出世していきます。

管理職になっても、上の立場の人達に対する謙虚で従順な態度は変えません。以前と同じように、上司の掲げた目標を必死でクリアしようとします。そのために、彼は自分の部下に無理を強いるのを厭いません。部下の超過労働は、とてつもないものになり、関連会社への要求は厳しいものになります。彼らの方針に意見する部下に対しては、容赦のない叱責が待っています。

しかし、彼らの報告する数字が、必ずしも目標をクリアするとは限りません。そのため、目標が達成できなかったときには、大抵、もっともらしい理由を彼らは用意しています。例えば「関連会社が無能である」「他部署の協力が得られなかった」などです。彼らは、決して自分に不利な情報は報告せず、悪いことは全て自分以外の外部のせいとなります。時には、彼らの方針に意見した部下をスケープゴートにすることもあります。そのようにして、彼らに責任を押し付けられる側は、弱者です。反論ができない部下や、下請けの業者、非正規社員などです。

アンビバレントなナルシシスト達は、上司に対しては自分達の良い面しか見せません。当然、下の立場の人達の意見が吸い上げられない、パワーハラスメントが横行する、職員のメンタルヘルスに対するケアは考慮されず、超過労働を強要されるといったことが起こり始めます。こうして企業はブラック化していきます。

こうしたアンビバレントな自己愛が国家的な規模にまで広がってくると、人々の目に映る世界は窮屈になっていきます。メインストリームの意見以外の少数意見は無視され、軽蔑されるようになります。その結果、人々は、リーダー達の意見を忖度し、メインストリームの方針に反する意見は自粛されるようになります。逆に、リーダー達に心地よい意見のみが大きく扱われるようになります。前者は、アンビバレントな自己愛の超過敏さを、後者は傲慢さを反映したものです。

さらに、右肩上がりの経済的発展が見込めないことが明らかになると、自己愛の傾向が強化され、社会から落ちこぼれないように、なりふり構わない行動を取る人達が出てきます。そうなると、「勝ち組」だと思っていた人達も安心していられなくなります。足の引っ張り合いが強化されるからです。「いい学校を出たのに成果が出ていない」となると、逆に組織内で孤立し、場合によっては組織内いじめを受けることもあるでしょう。また、相手の足を引っ張るためにネットなどを利用した誹謗中傷バッシングが多くなるでしょう。そうした例は、すでに発生しています。ちょっとした失敗が命取りになるのです。ですから、人々は、失敗しないように、「上」に逆らわないようになっていきます。

こうした社会では、自由な意見交換ができなくなりますし、ティーチャーズペット的なリーダーの側近達が我がもの顔で闊歩するようになり、彼らに対する反対意見は潰されますから、社会が不健全な方向にリスキーシフトしていく可能性があります。こうしたリスキーシフトは、すでに始まっているかもしれません。ネットやメディアでの特定の人達に対する激しいバッシングは、その表れと言ってよいでしょう。

メンタルヘルスの観点から考えると、現在の日本の状況は、様々な問題を抱えていると言えます。敗戦から続く変容内在化の失敗に伴うアイデンティティの喪失と、その結果としての自己愛的欲求の蔓延により、社会や他者からの要求に押しつぶされそうになっている人達が増えているのです。

偏差値偏重・学歴主義が行き着くところまで行き、中学校受験が当たり前になり、小学校三年頃から受験勉強をしなければならないような環境では、子供達が無条件の愛を受ける機会は少なくなりがちです。また、偏差値偏重・学歴主義の方向で価値観が硬直化しているので、理想化対象の範囲も狭められてしまいますし、集団の中での有為な資質は「勝ち組的なもの」に限られてしまいます。こうした状況の中では、多くの人達が、自己心理学のいう基本的な三つの欲求（ミラーリング欲求、理想化欲求、ツインシップ欲求）を満足させられるような機会が限られ、好奇心も制限を受けるでしょう。人々の自己感は脆くなり、プレッシャーに対しても脆くなっていると言えるかもしれません。

ここ十年ほど、セラピーを受けにくる人達の圧倒的多数にある根底的テーマは、「不安」になっています。脆い自己感を持ち、社会に対し、怯えている人が増えているのです。明確な理由もなく不登校やひきこもりになってしまう子供達や、会社には行けないが遊びには行ける新型うつになる人達などは、その表れでしょう。

［参考文献］
（1）半藤一利（2009）『昭和史：戦後編』平凡社
（2）加賀乙彦（2006）『悪魔のささやき』集英社新書
（3）保阪正康（2005）『あの戦争はなんだったのか 大人のための歴史教科書』新潮社
（4）読売新聞戦争責任検証委員会（2009）『検証戦争責任　上・下』中公文庫

第3章　共感、Authenticityと、存在の力

1.　心の四つのエリア

これまで見てきたように、人は、人生におけるさまざまなライフイベントの度に、自分自身を作り変えて（変容させて）いくことによって成長していきます。その原動力になるのが好奇心、ミラーリング欲求、理想化欲求、ツインシップ欲求です。精神的に不調になっている人達のサポートは、単に「病気を治す」という視点だけでは不十分です。「病気を治す」だけではなく、「危機に耐える強い自己感を形成すること」、すなわち「精神的に成長すること」も注目すべきでしょう。3章以降では、精神的成長を視野に入れた統合セラピーのあり方についてお伝えしていきます。

人間の心にはさまざまなエリアが存在します。統合セラピーは、人の心のさまざまなエリアに働きかけることによって、自己成長を伴う困難の克服をサポートしていきます。まずは、人の心には、どのようなエリアがあるのか見ていきましょう。セラピストの吉福伸逸は、心の働きを、「思考の力」、「情動の力」、「存在の力」、「ダンスの力」の四つに分類していま

した。[1] この心の四つの力は、自我・非自我のいずれにも存在します。

まず、「思考の力」について考えてみましょう。「思考の力」は、自分のまわりで起こっている／起こった状況を分析し、理解し、どう行動するのかを考えることに利用されます。こうした「思考の力」は、主に自我極で働いているように見えますが、「思考の力」が働くエリアは、非自我極にも存在していると私は考えています。思考も無意識に行われる部分があります。このいい例が、Aha 体験と言えるでしょう。考えても考えても答えが出ない……でも、全く関係のない何気ない瞬間に、その答えを思いつくことがあります。こうした体験は、誰にでもあります。Aha 体験の際には、自我の領域で考えている／考えていたことと、非自我の領域で考えていたこと（それは、自我における論理的思考とは別のもっと直感的なプロセスであろうと思われます）が感応し合うのではないかと、私は考えます。そして、「思考」と「情動」は、相互に影響し合います。例えば、不安な気持ちが起こったとき、その理由を思考の力で解析し、ある行動を選択することによって、安心し、希望が見えてくるかもしれませんし、「自分には解決できるはずがない」と考えることによって、不安は、絶望に変わるかもしれません。

次に「情動の力」について考えてみましょう。情動は、自我の部分に表出しているものもありますが、抑圧されたもの、現在、意識されていないものは、非自我の中に存在します。「情動」は、胎児の頃から存在していると思われます。原初的な自己愛を出生時に脅かされることによる死の恐怖を味わい、そうした恐怖に再び襲われるのではないかという不安が生まれ、出生という恐怖体験を乗りこえた後には幸福を感じます。そうした経験が繰り返され、定着することによって、情動が自分のものになっていきます。その後も、さまざまな経験を積むことによって、情動は、より豊かになっていくのです。情動は、前述したように思考のきっかけになります。

そして、「思考の力」と「情動の力」の根幹にあるものが「存在の力」です。それは、例えば瞑想でマインドフルになったときに感じる自分という存在そのものに備わる力です。私達は「存在の力」により、「思考の力」と「情動の力」の働きを俯瞰的に見つめることができます。

「存在の力」は、生まれたときから存在します。しかし、それは、これまで見てきた人生におけるさまざまな危機によって脅かされます。危機に直面した時、人は混乱し、アクティングアウトし、解離するなどして「存在の力」を一時的に見失うこともあるでしょう。しかし、危機を乗り越えるたびに、それに再会することで、それは常にあるのだということを確認できます。そのような経験を繰り返し積んでいくことによって「存在の力」は、少しづつ強化されていきます。生まれてから死ぬまで、人はさまざまな危機に直面するわけですが、その危機全てが、「存在の力」を強化するチャンスでもあるのです。

「存在の力」が十分に強ければ、どんな危機に直面しても、自分自身でいることができます。そして、あらゆる集合的自我からの影響から自由になります。イデオロギー、社会的規範、常識といったものに縛られなくなり、プレッシャーの中でも自分自身でいられるようになるのです。

セラピストにとって最も大切なのは、ぶれることのない「存在の力」を持っていることです。クライアントは、多くの場合、危機の中でセラピーを訪れます。中には、激しい混乱の中でパニック状態になっている人も、妄想や幻覚に圧倒されている人も、暴力的になっている人も、自殺しようとしている人もいます。そのとき、セラピストは、激しい嵐の中で、じっとそこにいて、自分自身を含め、セラピーの中で起きていることを俯瞰できる存在の力を持っていなければなりません。セラピーとは、究極は、セラピストとクライアントの存在の力が、対話をしながら相互理解していく場なのです。「存在の力」の弱いセラピストは、どんなに理論・技法に通じていても、セラピーができる範囲は、限定されたものになります。特に危機的状況にあるクライアントのセラピーはできません。

「ダンスの力」は、関係性の力です。他者と関わることにより、その人の「思考」、「情動」、「存在」のすべての力が揺り動かされます。「ダンスの力」は、あたかも人と人がダンスを踊っているかのように関係性を作っていく場の力です。この「ダンスの力」も非自我・自我の双方で働きます。グループの中での言語的なやりとりや意思のはっきりした非言語的な表現などは、自我の領域でなされていますが、集団の文化の形成は、基本的に非自我の領域でなされることなのでしょう。非自我の「ダンスの力」が一つの方向に動き出すとき、それは非常に強い力を持ちます。それが、バッシングに発展していくこともあるでしょうし、社会を変革していくエネルギーになっていくかもしれません。

吉福伸逸は、「ダンスの力」のことを「Power of Becoming（始まりの力／向後訳）」と呼んでいたことがありました。すなわち、外部との関係性が生じることにより、その人の中に変容が始まると考えて良いのだと思います。私は、他者との相互作用であるダンスの力が、個人の中に浸透していくことにより、「始まりの力」に転じていくのだと考えています。「始まりの力」は、まだ明確な形を持っていないわけですが、それが、「情動の力」により感覚・感情レベルで知覚され、「思考の力」により論理的・言語的に理解されていくのだと考えます。

セラピー内での対話（非言語的メッセージも含む）は、セラピストとクライアントの相互に作用します。その作用である「ダンスの力」によってクライアントの変化は促進されます。また、セラピーの中では、「思考の力」を使って認知・行動について扱うこともあれば、「情動の力」によって、情緒・情動に直接的に働きかける場面もあります。

2. 共感とは

（1）セラピストの限界

セラピールームは、裁判所ではありませんから、良い悪いや優劣を判断するところではありません。クライアントが何か困難を抱えているとき、セラピストがクライアントと一緒に困難の克服を考え、サポートしていく場です。たとえクライアントの行為が「悪」であっても、セラピーはそれを断罪するのが目的なのではなく、なぜ、「悪」に至ったのかを考え、それが過去のトラウマに関係するのであれば、そのトラウマをクライアントが乗り越えていくことをサポートし、今後同じことにならないやり方を共に模索する場です。このようなセラピーを行うためには、セラピストは、クライアントと自分を俯瞰的に見つめる冷静さを持っていなければなりません。その冷静さを保つためには、前述したように「存在の力」が必要です。

セラピーには、さまざまなクライアントがやってきます。中には、セラピストがどうしても冷静さを保つことのできないクライアントに出会うこともあります。例えば、セラピスト自身がかつて親からの激しい虐待を受けた経験があったとして、そのトラウマがほぼ解決していたとしても、子どもを同じように激しく虐待するクライアントのカウンセリングができないといったケースもあるでしょう。クライアントを見るたびに自分の親を思い出し、虐待の場面がフラッシュバックするなどということがあったら、冷静さを保つことは難しいでしょうし、そのような状態では、セラピーはとてもできないのです。このような場合には、セラピストは、自分の限界を超えていると判断して、別のセラピストにリファー（担当を変わってもらう）します。これは、恥ずかしいことではありません。あらゆるクライアントに対して、十分な強さの「存在の力」を持つなどということは、ほとんど不可能だからです。自分の限界を知るということは、セラピストとして重要な資質です。逆に、自分の限界を知らないセラピストは危険です。クライアントを逆に傷つけてしまう可能性があるからです。

セラピストは、自分を非防衛的に歪めずに見つめる必要があるのです。自分の限界、傾向、短所などにも冷静に目を向けることができなければなりません。このように、自分自身を歪めずに見つめることをAuthenticityと言います。

セラピストにAuthenticityがないと、さまざまな問題が生じます。いたずらにあらゆるクライアントを受け入れてしまってバーンアウトしてしまう、自分が対処できないクライアントに対してイライラをぶつけてしまう、セラピストが自分の中のコントロール願望に気づかずにクライアントをがんじがらめにしてしまう、セラピストが自分の中の批判されたくないという気持ちに気づかないためにクライアントのコントロールに巻き込まれてしまう、などということが起こりえます。

セラピストがAuthenticityを身につけるためには、不都合な自分、目をそらしたくなるような自分に気づいていなければならないので、十分な強さの「存在の力」を持たなければならないのです。

（2）共感と変容

「共感」は、臨床心理学を学ぶとき、最初に覚える言葉の一つでしょう。意味は「相手の気持ちを、あたかも自分の気持ちのように感じること」です。セラピストのクライアントへの共感は、セラピーの中で重要な要素です。しかし、実は、これが、なかなか一筋縄ではいかない概念で、誤解も多いのです。

例えば、いじめについて考えてみましょう。YさんがZさんに「Xさんは酷い」と訴えたので、ZさんもXさんのことを酷いと思い、Xさんを無視するというようじめにZさんも参加するようになったとします。実は、Yさんは、Xさんのことを酷いと言いながら、無意識の中で、Xさんに対する嫉妬の気持ちもありますし、自分一人ではXさんに勝てないと思い、Zさんを仲間に引き入れようと思っているのです。Zさんは、Xさんから酷いことをされたわけではありませんが、Yさんと友達関係にあるので、自動的にYさんに嫌われたくないという気持ちが働き、Yさんに同意しているうちに、YさんのXさんに対する不満な気持ちを、あたかも自分の気持ちのように感じるようになります。二人の中で、「思考の力」と「情動の力」が、忙しく動いているのです。

さて、このとき、Ｚさんは Y さんに共感していたのでしょうか？　これは、共感とは言えないのです。Y さんと Z さんは、「X さんのことを酷い」という気持ちは共有しているようですが、二人の間には温度差があります。Y さんの X さんに対する不快な気持ちの奥底には、X さんに対する嫉妬の気持ちがありますが、そうした気持ちは無意識に追いやられています。Z さんについても、X さんに対する不快感は、Y さんに嫌われたくないと言う打算の上に成り立っているのです。そして、その打算も、無意識の中に隠れてしまっています。

つまり、Y さんと Z さんは、互いに都合の良い感情のみを共有しているだけで、それぞれの心象風景は全く異なるのです。Y さんも Z さんも、ペルソナで会話していて、それぞれの存在は、全く見えていません。自我極の都合の良い部分だけが、打算的に相互作用を起こしているだけなのです。

共感とは、間主観的な場と言われる自己と他者の主観が、渾然一体となって行き来する場で起こることです。そこでは、「存在の力」は、何の防衛もせずにその場に存在し、そのまま、互いの相互作用によって起きてくる「ダンスの力」で、自我極だけではなく非自我極をも含めた自己と他者の主観が交流可能です。お互いの存在を自分のことのように尊重しながら、Authentic に同じ心象風景を眺める……それが、共感の状態です。

共感の中で同じ心象風景を眺めていても、セラピストとクライアントでは、見ているアングルが全く同じなわけではありません。クライアントが気づいていない大事なものにセラピストが気づくかもしれませんし、セラピストと話しているうちに、クライアントが別な方向を見て、その結果、新たな発見をするかもしれません。このように、クライアントとセラピストが協力しながら、一緒にクライアントの心象風景の中を探索していくのです。

その際、セラピストは、クライアントの呼吸のリズムに合わせながら、クライアントの物語をヴィジュアルなイメージを浮かべながら聴きます。また、浮かんだイメージがより明確になるように、クライアントに質問をするといいでしょう。例えば、次のようなやりとりとなります。

クライアント：身体の反応に注意を向けてみたら、昔、いじめを受けたときのことを思い出しました。
セラピスト：いつごろの話ですか？
クライアント：中学一年のときです。
セラピスト：もしよろしかったら、そのときのことをお話しいただけますか？　どんないじめだったのでしょう？
クライアント：休み時間によく嫌なことをされましたね。
セラピスト：どんなことですか？

クライアント：五人ぐらいのクラスメイトから、「汚ねぇ」とか「臭い」とか言われました。
セラピスト：それは、ひどいですね……。

この例では、こうした会話を通して、セラピストが浮かべるイメージは、しだいにクリアになっていきます。このとき大事なのは、けっして尋問調にならず、クライアントが話すペースと同じようなペースでセラピストが質問していくことです。クライアントが答えたら、一拍間を置いてその情景をイメージしていきます。そして、セラピストは、もし自分がクライアントの立場だったらどう感じるのかを思い浮かべながら、クライアントの話を聴いていくのです。

セラピストがヴィジュアルなイメージを浮かべると、クライアントは、饒舌にそのときの体験を話し始め、そのときの感情を吐き出すことが多いです。

しかし、クライアントの中には寡黙で感情を言葉で表現するのが苦手な方もいますので、そういう人に対しては、「描写」という方法(2)を使うことが有効な場合があります。クライアントの話す様子を、ただ描写するのです。例えば、クライアントが何も話さないけれど、セラピストがクライアントの悲しそうな表情に気づいたとき、「そのとき、悲しくありませんでしたか?」などと聞いてみるのです。また、クライアントの状況をイメージしているとき、セラピストの中で湧き上がってきた感情を伝えるのもよいかもしれません。セラピストのコメントがクライアントの感情を言い当てたものだったら、クライアントは堰を切ったように感情を表現してくるでしょう。また、コメントがクライアントの感情とずれていても構いません。セラピストが投げかけたコメントにより、クライアントが自分の感情にアクセスしやすくなるのです。投げかけられたコメントと自分の感情を比べ、クライアントは「いや、悲しいというよりも、絶望的と言った方があてはまるかもしれません」などと話してくるかもしれません。こうして、クライアントの「情動の力」が活性化し、セラピーが進展していき、最終的には、セラピストとクライアントの間に間主観的な場ができ、共感が起こるのです。

このような共感のプロセスが進んでいくと、クライアントは、次第に自分の中の充足されていない欲求に気づいていきます。無条件に愛されたいという欲求が満たされていないのかもしれませんし、誰かを理想化したいという欲求が満たされていないのかもしれませんし、グループに所属しているという意識を持ちたいという欲求が満たされていないのかもしれません。セラピーは、クライアントのそうした欠落した欲求に気づき、それを埋めていく、あるいは、埋めていく方向を探索していくという場になります。探索の原動力となるのは、クライアントとセラピストの好奇心です。クライアントの好奇心は、セラピストの共感的理解によって元気づけられます。

このような共感のプロセスが、セラピーの中でクライアントが変容していく原動力になります。セラピーの手法はたくさんありますが、共感のプロセスは共通です。逆に言うと、どのような手法を使っても、共感のプロセスがないセラピーにはほとんど意味がありません。

(3) 共感の失敗とクライアントの変容

セラピストは、セラピーセッションの間中ずっとクライアントに共感できているわけではありません。セラピーの多くの時間は、クライアントの本質的なテーマを探求して行くことに当てられます。例えば、「たいしたことないんですけどね」と言いながら、クライアントが何度も同じような内容の話をするような場合や、同じ人の名前が何度も登場するような場合には、その話題について話してもらい、前述したようにイメージを浮かべながら話を聴き、テーマの本質に迫っていきます。共感は、クライアントとセラピストのやり取りの中で、必要なタイミングで自然に起こります。

しかし、セラピストがクライアントのテーマを探索していく過程で、共感どころか、うっかりクライアントを傷つけてしまう場合もあるのです。その場合にどう対処したらよいのか、次に挙げる事例に沿って考えてみましょう。ちなみに、この本の中で「事例」をいくつか挙げますが、それは全て「Vignette（ビネット）」と呼ばれるフィクションです。つまり、実際の事例を参考にして作った物語です。中には複数のクライアントの事例を組み合わせてひとつにしたものもあります。ただ、物語といっても実際の事例で起こった重要な要素については、その大まかな文脈を残してあります。

さて、事例です。

クライアントは、二十代半ばの女性（Aさん）でした。その女性がセラピーに来たのは、友人Bさん（女性、Aさんと同い年）が自殺するのではないかと心配で、どのように対処したら良いかというものでした。「友達のことでセラピーに来た」というケースについては、実は、友達についてではなく、自分がセラピーにかかりたいと思っている場合があるので、そのことは、頭の片隅に置きながら、私はAさんの話を聴きました。

Aさんによれば、Bさんの様子は、かなり深刻なものでした。おそらく大うつ病でしょうし、自殺念慮も、かなり心配なレベルで、死ぬための具体的な方法まで考えていました。

私は、Aさんに、Bさんは相当深刻なレベルなので、医療機関に繋げたほうがいいだろうということを伝えました。Aさんは、「わかりました。やはり、相当深刻な状態なのですね？」と言ったあと、横を向きながら「私の方は、抜毛癖だけですから、死ぬなんてことはありませんけどね」と付け加えたのです。そのとき、私は、Bさんの自殺を防ぐにはどうしたらよいかということに神経を集中させていました。そして、Aさんが付け加えたひとことに対して、「そうですね」と答えてしまったのです。

私が答えた途端、それまで饒舌だったAさんが、ほとんどしゃべらなくなりました。こちらから質問をしてもどこか上の空のように感じられました。私は、何が起こったのかと思い、自分の発言を振り返りました。そのとき、思い当たったのが、Aさんが「私の方は、抜毛癖だけですから、死ぬなんてことはありませんけどね」と告白した時に、何も考えずに「そうですね」と答えてしまっていたことでした。Aさんは、Bさんのことで相談に来ていますが、実はご自身も、別のところで深く悩まれていたのです。私の「そうですね」は「そうですね。Aさんの症状は、Bさんと比べればたいしたことがないですね」と同じように受け取られたことでしょう。

私は、Aさんに共感するどころか、逆に傷つけてしまったのです。そのことに気づいた私は、Aさんに「先程、私は、Aさんが抜毛癖だから死なないと言った時に、『そうですね』と答えてしまいました。それがAさんを傷つけてしまったのではないかと思ったのですが」とお聞きしました。すると、Aさんが「ええ、ちょっと」と言いました。

私は、やはりAさんのことを傷つけてしまったと後悔し、「すみませんでした」とお詫びしました。後からお話を聞いてわかったのですが、Aさんもかなり深刻なうつ状態でした。うつ状態なのに、さらにBさんを救わなければならないというプレッシャーと不安があって、完璧主義の傾向のあるAさんは、どうすることもできずに自責の念にかられ、抜毛癖となったわけです。

幸い、その後、Aさんは、定期的にセラピーに来てくれるようになり、Bさんも病院に繋がりました。数ヶ月後、Aさんは元気になり、セラピーは終結となったのですが、その最後のセッションのとき、Aさんは、これまでのセッションを振り返る際に、最も印象的な出来事として、最初のセッション時の私の失敗について話してくれました。Aさんによれば、自分は完璧にしなければならないと思って、日々プレッシャーを感じているのに、専門家であるセラピストがいきなり失敗して謝っている姿を見て、とてもほっとした気持ちになったのだそうです。この出来事が、はからずも、Aさんが完璧主義の罠から抜け出す第一歩になったのです。Aさんにしてみれば、自分の完璧主義がバカバカしく思えるようになったのだそうです。

私は、このように、Aさんとの最初のセッションで失敗してしまったのですが、逆にその失敗が、Aさんにとって有効に働いたのです。これは、セラピストが自我を防衛せず、Authenticに自分を見つめ、対応したことで生まれた効果です。

セラピストは、いつかどこかでセラピーの中でなんらかの失敗をします。その失敗に気づいたとき、セラピストは防衛せずにAuthenticに自分を見つめ、セラピストの失敗により傷ついたクライアントの気持ちに共感すると、セラピストとクライアントは、同じ心象風景を見ていることになり、その結果、セラピーの効果が生まれ、クライアントは変容していくのです。

共感の失敗も、さらなる共感によって解決することができるのです。しかし、共感（しようという試み）だけでは通用しない場面があるのです。それを次にお伝えします。

3. 直面化

（1）偽りの共感

クライアントが、突然怒り出し、セラピストを口汚く罵りはじめたのですが、全く心当たりがないとします。セラピストは、そんな場合にも「あなたには、怒る理由があるのですね」とにこやかに共感の気持ちを伝えるべきなのでしょうか？

もし、その言葉がAuthenticであるのなら、そうした言葉もあり得ますが、そうでなければ、共感と誤解されるような言葉は避けた方が良いでしょう。偽りの共感はセラピーに悪影響を与えます。この例ならば、クライアントが、自分の中の暴力性を正当化するようになるでしょうし、それにより、暴力的言動でセラピストをコントロールしようともするかもしれません。こうなると、もはやセラピーは成立しなくなります。本来、セラピーのテーマのひとつであるはずのクライアントの暴力性・攻撃性が、セラピーの中で扱われなくなるからです。

もうひとつ、例を挙げてみます。そのクライアントは、いつも「私は、○○さんから、精神的暴力を受けていて辛いです」と訴えるとします。しかし、そうした訴えの頻度があまりに多く、「精神的暴力を仕掛けてくる○○さん」が次から次に何人も出てきます。こうしたケースで、セラピストは、なぜこのクライアントばかり精神的暴力を受けるのか、様々な可能性を考えるでしょう。そうした疑問を持っている段階で、クライアントの心象風景のイメージも浮かばないまま、Authenticではない共感的コメントを伝えることは、セラピーに悪影響を与えることになりがちです。クライアントは、セラピストからお墨付きをもらったという気持ちになり、自分を悲劇の主人公に同一化し、それを、現状打破に向かう挑戦をしない根拠にするかもしれません。「私が努力しようとすると、いつも誰かの精神的暴力に邪魔される」という立ち位置から動こうとしなくなるのです。こうなると、このクライアントの本質的テーマは明確にならず、セラピーセッションは、いつもクライアントの不幸話で終わってしまい、なんの進展もなくなってしまうのです。

セラピストは、「人を助ける」職業柄、「クライアントに共感しなければならない」という強迫観念に絡め取られやすいものです。ここで説明した二つの事例においても「共感しなければ」という強い思いがあると、偽りの共感を表現してしまうこともあり得るでしょう。共感は、「すべきもの」ではありません。また、前述したように、セッション中、セラピストが常にクライアントに共感しているわけではありません。共感は間主観的な場が出来上がり、心象風景を共有することにより、自然に起こるのです。例えば、理不尽にセラピストに罵詈雑言を浴びせかけるクライアントの場合、そうせざるを得ない過去のトラウマ経験があるかもしれません。その経験を、クライアントが当時の感情を蘇らせながら話し始めたら、間主観的な場は自然にでき、共感も起こるでしょう。後者の事例でも、精神的暴力を振るう人を引き寄せてしまうクライアントの反復強迫的傾向の背景にある、不安・孤独感にクライアント本人が直面し始めたとき、共感は自然に起きるでしょう。

しかし、クライアントは、自分の根本的テーマに直面するのが恐ろしいと感じていると、様々な手を使って、その根源的テーマから目をそらそうとするかもしれません。そうした回避傾向が見えたとき、セラピストは、クライアントが、重要なテーマを、できるだけ安心して探求できるようにサポートするのです。これを直面化と言います。

直面化のためには、セラピストは、「偽りの共感」をしないことです。クライアントの意見に安易に同意せず、セラピストが異なる意見を伝えるというのも良いでしょう。それ以外に、クライアントの思考・行動傾向を伝える、クライアントの身体メッセージを描写する、セラピストのAuthenticな気持ちを伝えるなどの方法があります。

しかし、直面化のプロセスは、決して急いではいけません。クライアントは、あらゆる手を使って、なんとか本質的なテーマから目をそらそうとしているのかもしれません。それだけ、直面するのが苦しいということが、非自我極ではわかっているのです。ですから、直面化は、少なくともクライアントが「苦しくても取り組もう」という決意を持つまで、待つべきでしょう。そうした決意に至っていないクライアントは、まだ、それに取り組むのが怖いのです。

無理に直面化に持ち込むと、クライアントが深く傷つく可能性があります。過去のトラウマが一挙にフラッシュバックしてくる場合もあります。その結果、自殺念慮が非常に強くなる場合もありますし、トラウマ体験への怒りの感情を他者に投影して暴力的になってしまう場合もあります。ですから、この時期のクライアントに対しては、「この辺りに検討課題がありそうですよ」ということをお伝えするにとどめるようにすべきです。それは、種をまくような感じです。その種がいつか発芽して花開けばいいということです。そして、花開くときのセラピストが自分でなくても構わないのです。

今、直面化すべきか待つべきかの判断は、非常に難しいと言ってよいでしょう。こうしたときこそ、セラピストのAuthenticityが、必要です。Authenticに自分を見つめることにより、「偽りの共感」も「性急な直面化」も防ぐことができます。

(2) 自分のパターンに固執するクライアント

カール・ウィテカーという家族セラピーの大御所がいました。彼の家族セラピーは非常に個性的で、即興的であり、「ウィテカーのセラピーはウィテカーにしかできない」とも言われました。ウィテカーの主著である『ブライス家の人々』(3) を読んでも、ウィテカーの介入の意味がよくわからない場面が少なくありません。実際にセラピーの様子を見ないと、ウィテカーの介入の真意はわからないでしょう。私は、彼の一九七〇年代のものと思われる実際のセッションのビデオを、大学院の学生時代に見たことがありますが、それが、とても刺激的で考えさせられるものでした。

カメラは、正面からウィテカーを映していました。クライアントは、八歳くらいの男の子とその両親です。セッションが始まると、両親ばかりがしゃべり、男の子は、横の方でぽつんと座っているという印象でした。そのうち、両親に意見の食い違いがあり、それが口論に発展していきました。ウィテカーは、腕を組んだまま何もしゃべりません。

ウィテカーが次にどのような手に出るのか、当時学生だった私もクラスメイトたちも、固唾を飲んで画面を見つめました。しかし、何も起こりません。よく見ると、ウィテカーは、居眠りしているのです。セッションの中で、ウィテカーが居眠りをしているのに最初に気づいたのは、八歳の男の子でした。彼は驚いたようにウィテカーを見て、そして、隣にいる母親にそれを伝えようとしていたのですが、母親は父親との口論でヒートアップしていますから、そのことに気づきません。

口論が激しくなり、母親が自分の主張に対し、ウィテカーに同意を求めようとした時、彼女は、ウィテカーの異変に気付きました。母親が「ウィテカー先生、まさか眠っているんじゃないんでしょうね？」とウィテカーに対し、金切り声をあげても、ウィテカーはそのままの姿勢です。その時点で、父親もウィテカーの居眠りに気づき、「なんということだ！」と、怒りをあらわにします。さっきまで口論していた夫婦が、今度は、仲良くウィテカーを批判し始めました。

その時、ウィテカーがゆっくりと顔をあげ、「君達の口論が、あまりにいつもと同じなので、退屈して眠ってしまった」と、言うのです。当然両親は怒ります。しかし、ウィテカーは落ち着いたもので、全く両親の怒りに乗らず、同じようなペースでコメントするのです。その話し合いの中から、両親が息子のことをすっかり忘れ、夫婦喧嘩から夫婦揃ってのウィテカー批判へと移っていったことが明らかになっていきました。そもそも、子供の問題でセラピーに来たのに、夫婦が怒りのモードになると息子は置き去りになるというのが、この家族のパターンだったのです。つまり、ウィテカーの居眠りが契機になって、両親は、そのパターンに気づき、そのあとセラピーが大きな展開を見せていったのです。

もちろん、セッション中に居眠りをするというのは好ましいとは言えません。しかし、このセッションの中から学ぶことはたくさんあります。ウィテカーは、夫婦の怒りのエネルギーに全く巻き込まれずに、自分のペースをキープしています。セラピストがクライアントに共感を示すとき、セラピストとクライアントの呼吸が合うものですが、このセッションの前半では、夫婦の浅くて速い呼吸に対し、ウィテカーは落ち着いたゆっくりとした深い呼吸のままです。やがて、ウィテカーの呼吸が夫婦に移っていき、落ち着いた呼吸になっていったときに息子を置き去りにしていたことに気づいていくのです。息子は、ウィテカーと同じように退屈していたのかもしれません。

この一連のプロセスが示していることは、ウィテカーの動じない「存在の力」により、クライアントが自分自身を偽ることができなくなったということでしょう。そして、ウィテカーの中には、クライアントが、必ず自分を取り戻していくという信頼があります。その姿勢は、老子の無為自然の境地と言ってもよいでしょう。周りが、なにも余計なことをしなければ、人は自然に良い方向に向かうということです。「何が起こっても、Authenticな姿勢を保ち、余計なことをしない」というのは、自信がなければできることではありません。その自信を作るのが自分を防衛せずに自分のままでいることができる力、すなわち「存在の力」なのです。

クライアントのプロセスに対する信頼、自分とクライアントの「存在の力」への信頼が無ければ、直面化にフォーカスしたセラピーはできるものではありません。

（３）他人をコントロールしようとするクライアント

クライアントの中には、セラピーの場を自己正当化のために使おうとする人もいます。彼らにとっては、そこでセラピストからの賛同をとりつければ、それを理由に大手を振って今までと同じ行動を取れるのです。「セラピストの先生も、私は少しも間違っていないと言っている」というエクスキューズを得るのです。このクライアントの思考・行動が本当に間違いのないものならそれはそれで構わないのですが、自分の「よくない部分」を巧妙に隠し、「よい部分」や「被害者である部分」のみを主張し、セラピストがその主張に同意するようにコントロールしようとする傾向の強いクライアントには、直面化が必要になってきます。

例えば、クライアントがＤＶの加害者で、セラピストが男性の場合、以下のような質問をクライアントから投げかけられる場合が少なくありません。

クライアント：「先生も男だからわかると思いますが……」
セラピスト：「どんなことでしょう？」
クライアント：「単刀直入にお聞きしますけどね。先生も男だから、奥さんに対して頭にきて殴りたいと思ったことあるでしょう？」

このような質問には、強い操作性が考えられます。クライアントはセラピストが男性であることから、自分と同じように妻に不満を持った時、実際には殴らずとも、殴ってやりたいと感じているのではないかと想定し、セラピストが「はい、私も感じたことがあります」と言ったとしたら、それを根拠に自分の暴力行為を正当化しようと考えているかもしれないのです。また、もしセラピストが「いいえ、そのように感じたことはありません」と答えたら、「きれいごとだ」とセラピストを非難し、「そんな、きれいごとを言うセラピストに私の気持ちはわからない」と主張し、論点をずらしてくるかもしれません。要するにクライアントは、セラピストにダブルバインドを仕掛けているのです。

このような場合、セラピストはどのように対応したらよいのでしょうか？
私の場合、こうしたケースでは、直接的にクライアントからの質問に答えることはありません。セッションは、次のようなやり取りから始まるでしょう。

クライアント：「単刀直入にお聞きしますけどね。先生も男だから、奥さんに対して頭にきて殴りたいと思ったことあるでしょう？」
セラピスト：「その質問には後ほどお答えしますが、その前に、お聞きしたいことがあります」
クライアント：「なんですか？」
セラピスト：「なぜ、初回のカウンセリングの最初に、『先生も男だから、奥さんに対して頭にきて殴りたいと思ったことあるでしょう？』という質問をされたのでしょうか？
私にどのような答えを期待しているのでしょうか？」

これが、直面化の質問のひとつの例です。こうした質問をしたとき、クライアントが、怒りを表す場合があります。色々なケースがありますが、最も過激なケースでは、次のようになることもあるでしょう。

セラピスト：「なぜ、初回のカウンセリングの最初に、『先生も男だから、奥さんに対して頭にきて殴りたいと思ったことあるでしょう？』という質問をされたのでしょうか？私にどのような答えを期待しているのでしょうか？」

クライアント：「別に、期待なんてありませんよ。なんか、不快だな。そうやって、はぐらかして、答えないつもりでしょう?!　おかしいじゃないか？　金を払っているのはこっちですよ。あなたには、答える義務があるんじゃないのか？」

もし、このような反応をクライアントがするのなら、セラピストは、次のように答えるかもしれません。

セラピスト：「今と同じような流れで、奥さんに怒りをぶつけてしまうことがあるのではありませんか？……クライアントの表情の変化を見るために、一瞬の間をおく……このパターンは、必ず変えることができます。ちなみに、私は、妻を殴りたいと思ったことはありません。でも、怒りを感じたことはあります。怒りを感じても◯◯さんの今のパターンのようにならない方法があるのです」

クライアントが、非常に攻撃的で、いきなり一方的にしゃべろうとするような場合に、こうした展開になることがあります。ここで、大事なのは、最後の「このパターンは、必ず変えることができます」という言葉です。ここで、クライアントは立ち止まるかもしれません。立ち止まれば、セラピストの言葉「怒りを感じても◯◯さんの今のパターンのようにならない方法があるのです」が、クライアントに入っていくでしょう。そこで、自分のパターンを変えることができるかもしれないという期待を持つかもしれないのです。

初回からここまで激しく攻撃的になるクライアントさんは、それほど多くありません。大抵の場合、後悔の念やとまどいが見られ、自分の傾向をなんとかしたいと考えているクライアントが多いです。そのような場合、次のようなやりとりになることが多いです。

クライアント：「単刀直入にお聞きしますけどね。先生も男だから、奥さんに対して頭にきて殴りたいと思ったことあるでしょう？」

セラピスト：「その質問には後ほどお答えしますが、その前に、お聞きしたいことがあります」

クライアント：「なんですか？」
セラピスト：「なぜ、初回のカウンセリングの最初に、『先生も男だから、奥さんに対して頭にきて殴りたいと思ったことあるでしょう？』という質問をされたのでしょうか？私にどのような答えを期待しているのでしょうか？」
クライアント：「別に、期待なんてありません。ただ、先生が男だから、聞いてみただけです」
セラピスト：「全ての質問には、期待や目的があります。そして、『先生が男だから…』という言葉の後には、『先生も私と同じで、奥さんを殴りたいと思ったことがあるはずだ』という期待があったかもしれません」
クライアント：「まあ、そうかもしれませんね」
セラピスト：「そこで、私がこう答えたらどうでしょう？『妻を殴りたいと思ったことはありません』と。実際これが、私の本心です。この答えを聞いて、どのように思われますか？」
クライアント：「どうせ、先生と私は違う種類の人間なのだなと思いました」
セラピスト：「正確には、違う種類の意見を持つ人間ということです」
クライアント：「同じじゃないですか？」
セラピスト：「いえ、同じじゃありません。『違う種類の人間』と『違う種類の意見を持つ人間』というのは、大きく異なるのです。前者は、人間の種類が違うということですが、後者は、たかだか意見というものが違うだけであって、同じ人間なのです。このあたりのことを、もう少し、一緒に探求してみるというのはいかがでしょう?」

ここで、クライアントとセラピストの共同作業の手がかりができてくるのです。直面化は、クライアントの人格の良し悪しをジャッジするためになされるわけではありません。あくまで、クライアントの思考・言動・行動の歪みや逸脱については指摘しますが、その人の存在そのものに対しては、きちんと尊重する姿勢を、セラピストは持ち続けるのです。

(4) 怒ることができないクライアント——1　悲しみ温泉

先の事例は、暴力を正当化しようとするクライアントの例でした。暴力は、表面上は怒りの表現という形を取るのですが、実は、その根底にも感情があります。通常、人は、ひとつのイベントに三つ以上の感情を持つと言われています。怒りの根底には、悲しみ、孤独、絶望といった感情が存在するかもしれません。暴力に依存する人たちは、暴力に依存することにより、怒り以外の感情を見ていないのです。彼らは、根底にある、悲しみ、孤独、絶望などの感情を感じるのがあまりにつらく、直面するのが怖いために、暴力に依存し、怒りのバリアーを張って、そうした感情から目をそらせているのです。そういう人たちには、セラピーが安心で安全な場であることを認識してもらい、セラピストといっしょに根底にある感情を探求するように提案していきます。

逆に、自分の中にある怒りに対し、怖れを抱いている人は、どのような反応をしがちなのでしょうか？　まず、彼らは、自分の中に怒りがあること自体を信じたくないので、あたかも自分には怒りの感情はないかのように振る舞うことが少なくありません。いつもにこにこ八方美人で、他人を責めることがありません。その代わり、なぜかいつもひどい目にあってしまう不幸な人間という自己像を作って、怒りを覆い隠します。彼らは常に無力で被害者です。その状況を打破しようという気持ちはあるのですが、いつも何か理由があって行動に移れないのです。「私は、そうしたいのだけど、子供がいるから無理よ」、「会社に勤めていたら、そんなことできないよ」、「もう歳だしさ……」、「私はAC（アダルト・チルドレン）だから、無理なの」、「複雑性トラウマを受けているから、一歩が踏み出せない」などなど、理由は全てもっともに聞こえます。

こうした理由で、本当に動けない場合もあるでしょう。その場合は、周囲の状況が変わり、体力が回復するまで、じっとしている必要があるかもしれません。しかし、もう動き出す力があり、周囲の状況も変わり、チャンスもあるにもかかわらず、先に挙げたような理由で動こうとしない人達がいます。こうした人達が動かないという選択をすることを、私は「悲しみ温泉」と呼んでいます。
彼らの基本戦術は「私達は被害者だから動けないのだ」なのです。自分は無力で考えることもできないから、セラピストに頼ろうとする傾向を強くする場合があります。そうした依存傾向の強いクライアントは、セラピストを偶像化し、自分で考えることをやめ、セラピストに強く依存するようになることもあります。彼らは、セラピストに、自分の行動の判断を委ねます。このような場合の対応の例を次に示します。

クライアント：「私もこのままじゃいけないと思って、アルバイトですがX社で働くことにしようと思ったんです」
セラピスト：「それは、いいかもしれませんね」
クライアント：「でも、私、一緒に働いている人とうまくやっていけないと思います。先生は、どう思われますか？」

ここで、いつものようにクライアントはセラピストに判断を委ねようとしますが、セラピストは、直面化のため、あえてその質問にはダイレクトに答えません。

セラピスト：「どんなところが心配ですか？」

クライアント：「私、なぜかいつも、ベテランのお局さんみたいな人に嫌われるのです。私には、ああいう人たちとうまくやるのは無理なんです」
セラピスト：「お局さん対策は、練習しましたよね」
クライアント：「でも、練習と本番では違うと思います。私、本番に弱いタイプで、練習の通りにできないと思います。そもそも、私、接客苦手だし」
セラピスト：「もう一つアルバイト先の候補がありましたよね？　確か、あまり人と関わらないでよくて、一人でできる仕事だったと思いますが」
クライアント：「でも、そこは、エクセルができなきゃダメなんです。私には、無理です」

このクライアントは、何かにチャレンジしようとするのですが、自分には無理だと決めつけてしまうのです。それはあたかも、自分にはできない理由を探しているかのようです。このクライアントの場合の口癖は「無理」です。ここに焦点を当てます。例えば、次のような介入をします。

セラピスト：「○○さんのお話を伺っていると、『無理』という言葉が盛んに出て来ます。何かにチャレンジするのですが、結局『無理』ということで、チャレンジを諦めるという結果になっていますね」

クライアント：「確かに、そうですね」
セラピスト：「ちょっと、実験してみませんか？　このセッション中、『無理』とか『できない』という言葉を使わないということにするんです。そして、その言葉を別の言葉に置き換えるのです」
クライアント：「どんな言葉ですか？」
セラピスト：「例えば、『無理と考えています』とか、『できないと考えています』などです。あるいは、『したくない』とか、『しないことにした』などもＯＫです」
クライアント：「そんなの無理です」
セラピスト：「ほら、第一号が出ましたね？　多分、『無理』は口癖になっているのでしょう。今の『無理』を言い換えてみたら、『そんなの無理と考えています』になりますね？　そのあとに、『なぜなら』という言葉を続けて、その理由を考えてみてください」
クライアント：「『そんなの無理と考えています。なぜなら、そういう風に言われ続けて育ったからです』で、いいですか？」
セラピスト：「素晴らしい。それでいいんです。今、どんな場面が浮かんできますか？」
クライアント：「母の顔が浮かんでいます。姉は、母の後ろで笑っています」
セラピスト：「〇〇さんは、いくつぐらいですか？」
クライアント：「七歳ぐらいでしょうか」

この辺りから、クライアントの心象風景をセラピストが徐々に共有することになり、共感の下地である間主観的な場ができ始めます。

「言い換え」は、ゲーム感覚で導入すると、クライアントも入りやすいことが多いです。セラピストにお伺いを立て続けるクライアントの場合、「あなたは、どう思いますか？」と質問を返して、クライアントが答えを見つけるまで待つということもよくあります。

ただし、こうしたクライアントを、無理に直面化に持ち込もうとしてもうまくいきません。「苦しんでいる私を、さらに苦しめるんですね？」という悲しみ温泉のドラマにますますはまり込む結果となることもあります。決してプロセスを急がないことです。

(5) 怒ることができないクライアント――2　怒られたことがない

悲しみ温泉は、前に進まない言い訳に使われることもあるのですが、その人の心の傷を癒やす場でもあります。理解のある人に囲まれ、癒される時間は必要なのですが、のぼせてしまうので、いつまでもそこにいるわけにはいかないということなのです。共感が傷のなめあいに変わり、偽りの共感の世界になったときには、もうそこにいる意味はありません。そうなったら、そこを出て、自分の足で歩んでいく決意をしなければなりません。

しかし、この悲しみ温泉から出るというプロセスが、辛いプロセスでもあるのです。再び、その人は孤独を感じるかもしれません。もう自分は回復したのだという思いが、ちょっとしたつまずきで崩れてしまうかもしれません。そのつまずきが、理不尽な行為によって引き起こされたとしても、「怒ることができない人」は「やっぱり、自分は幸せになれない」という思いに至り、「自分には生きる価値が無いのだ」という絶望的な気持ちになることもあるでしょう。実は、回復に向かい始めた時が、最も危険な時期で、そうした時期に自殺の可能性が高くなります。セラピストは、その危険性を十分に認識していなければなりません。

死を決意した人は、逆に穏やかになることもあります。にこやかで、誰に対しても恨みを持たない、でも、自分の未来には何も希望がなく、残された選択肢は自死のみという状態になることも少なくありません。そうした死をはっきりと決意した人たちには、セラピストとしても、対応が非常に難しくなります。そうした事例をひとつご紹介します。

そのクライアントは、二十代女性で、それまで、傍からは幸せな家庭で何不自由なく育ち、勉強も良くできたので、一流大学を卒業した後、大企業で働いていました。しかし、彼女には、深い心の傷がありました。彼女は、両親から無条件の愛を受けた記憶がほとんどなかったのです。優秀でおとなしい性格の彼女は、親の期待する「優秀であること」と「おとなしく従順であること」を実現することができ、それ故に、条件付きの愛は与えられていました。彼女の中には「優秀でなくなったら、おとなしく従順でなくなったら、愛されない」という信念が育っていったのです。そして、両親は、一度も彼女を怒ったことがありませんでした。

家族の中では、「怒り」はタブーだったのです。「タブー」を破ることは、親から見捨てられることを意味し、そのため、彼女には反抗期と見られる時期がありませんでした。

彼女は、仕事上でのちょっとした失敗でうつになり、休職し、心療内科で投薬治療を受け、別の施設で個人セラピーを受け、さらに自助グループなどに参加することによって、うつから回復しました。その後、別の会社に転職し、順調に仕事を始めた頃、何年か付き合っていた彼と別れることになったのです。回復したと思って希望を持った矢先のことですから、ショックが大きく、彼女は再びうつになってしまいました。

彼女は、自殺念慮が強くなり、以前かかった個人セラピーを再び受け始めたのですが、自死に対する意志は変わりません。彼女は、死を明確に決意し、死ぬ方法も死に場所も決めました。最後になるはずのセッションで、彼女は、セラピストに、自分の死への意志は堅く、その方法も場所も日時も決めたと告げました。そのセッションは、これまでのお礼のつもりで来たのだそうです。セラピストは、なんとか自殺を思いとどまってくれないかと彼女と話し続けました。そして、彼女が「私が死んでも誰も悲しまない」と言ったとき、セラピストは、セラピスト対クライアントという意識を捨てました。

そして、セラピストは、激しくクライアントを怒りました。「なにを言うのですか！　誰も悲しまないなんてことはありません！」と言ったのです。セラピストは、怒りだけでなく、それに伴って生まれる悲しさ、なにもできない無力感を全てクライアントに伝えました。それは、セラピストがクライアントに語りかけるというものではなく、人間対人間の会話となっていきました。もはや、それは、セラピーとは言えなかったかもしれません。

でも、その後、クライアントの表情が変化したのです。それまで無表情だった彼女は、驚いた様子でセラピストを見ました。彼女は、これまでの人生で、誰かから本気で怒られたことがなかったのです。その後、これまで自分の感情を表現することの少なかった彼女は、自分がどれだけ寂しかったか、孤独だったかを訴えました。そして、彼女は、自殺するのをやめました。

そのセッションの最後に言った彼女の言葉は、「先生、怒りって悪くないですね」だったそうです。そのセッションの後、彼女はただのおとなしく従順な女性ではなくなり、上司や同僚と意見が違っても、自分の意見を主張できるようになり、理不尽なことには、怒りの気持ちを表せるようになったといいます。

しかし、この事例ではうまくいきましたが、自殺を決意した人には、セラピストが怒ることで必ず実行を止めることができると安易に考えるのは、間違いです。このやり方は、この時の、このセッションにだけ通用したのだと考えるべきなのです。一般化ができるものではありません。

そもそも、このセッションは、セラピーとは言えないと批判する方もおられるでしょう。セラピストは、クライアントに対し、逆転移を起こしているし、セラピストの怒りによってますますクライアントは絶望するかもしれないので危険だなどと思う人もいるでしょう。さらには、セラピストの自己陶酔だから、こんなセラピーはやめて、クライアントは病院に入院する方向を目指すべきだったと考える人もいるでしょう。また、クライアントがセラピーに来たのは、SOSであり、それは生きる意思があるということだから、もっと落ち着いた認知行動とマインドフルネスを組み合わせた手法の方が安全で有効だろうという意見もあるでしょう。こんなセラピーをするのでは、セラピスト失格だという人もいるかもしれません。

そうした批判の全てが正しいでしょう。しかし、結果的に、クライアントの自殺を防ぐことができました。なぜ防ぐことができたのかについて、考察していきましょう。

まず、自殺する人の心理について考えてみましょう。彼らは、ほとんどの場合、積極的に死を選ぶわけではありません。自殺しようとする多くの人は、死以外なにも選択肢がなくなったためという消極的理由により、自死を決意するのです。それまで、その人は、生きるための希望を見出すためのあらゆる努力をしてきたわけです。先に挙げた二十代の女性についても、一度うつになって休職し、うつから回復するという過程で、自分自身と取り組み、困難を克服し、新たなチャレンジをするという努力を重ねてきて回復に至ったわけです。しかし、そこまで努力してやっと幸せを手に入れたかと思った矢先に、失恋してしまったら、もうなにも希望が持てる道が残っていない、自分はなにをやっても結局ダメなのだといった考えに陥っても不思議ではありません。でも、「まだなにかあるのではないか？」という思いが少しでもあれば、誰かに連絡するでしょう。ほんの一縷の望みを最後に確かめようとするのです。

セラピストなど誰かに連絡をしてくる人達は、まだほんの少しかもしれませんが、生きる希望を見出そうとする気持ちが残っています。そこにアクセスできれば、自殺を防ぐことができるかもしれません。その時、セラピストは、あらゆる手を尽くすでしょう。クライアントの心象風景に近づき、クライアントの絶望感と共にいながら、なんとか希望を見出そうとするでしょう。そのためには、徹底的にAuthenticにならなければなりません。セラピストのちょっとした誤魔化しや嘘が、決定的な影響をクライアントに与えてしまうかもしれないからです。

それでも、クライアントの自殺の意志が揺るがないのであれば、セラピーで救うことは諦め、守秘義務の例外として家族に連絡するなど、自殺を防ぐ手段を講じなければなりません。

それ以外に、セラピストが、あらゆる防衛を捨て、セラピストであるという立場を降り、個人対個人という形でクライアントの「存在」に語りかけることもできます。その際は、あとから他者からさまざまな非難を受けるであろうことも覚悟します。それが最善だと確信したのなら、そのアプローチを実行に移すのです。吉福伸逸は、彼自身のセミナーの中で、「もし、心に一点の曇りもなければ、それをやりなさい」と言っていました。それは、同時に、少しでもそのアプローチに疑念を感じたら、その時点でそのアプローチを中止するという決意もできなければならないことを意味します。先程の例では、そのアプローチがセラピストの怒りでした。幸い、セラピストの怒りは、感覚・感情と思考・行動に矛盾のない自己一致した表現だったのでしょう。だからこそ、その怒りは、クライアントの「情動のエリア」をゆるがせ、そのゆらぎが「存在のエリア」に伝わり、クライアントの「存在の力」が動き出したのです。そして、セラピストの存在とクライアントの存在が間主観的な場で、自由にダンスをしているような状態になっていきます。ふたりの「ダンスの力」により、クライアントの、そしてセラピストの変容が起こるのです。

間主観的な場は、ふたりの主観が行ったり来たりする場です。クライアントと同じ心象風景を見て浮かんできた感情は、それが間主観的な場で共感が起こっているのであれば、セラピスト本人の感情であるとともにクライアントの感情でもあるのです。ですから、セラピストが表現した怒りは、クライアントの怒りでもあるのです。セラピストの怒りとその背景にある悲しさと絶望を、クライアントは自分のことのように感じたのでしょう。つまり、セラピストの怒りに直面し、その怒りに共感したのです。共感することにより、クライアントは、自分の中にも怒りがあることに気づき、受け入れるようになっていったのです。

間主観的な場における、「存在」と「存在」のダンスは激しいものになることがあります。特に自死にかかわるようなセラピーにおいては、緊張感に満ちたプロセスが展開していきます。存在がそれに耐えられなくなりそうになると、クライアントは、なんらかのペルソナを被ろうとするでしょう。でもそこで、セラピストがまったく防衛せずにそこに存在していたら、クライアントは、再びペルソナを脱ぎ捨てる勇気を持つことができるでしょう。セラピストは、暗闇の嵐の中を行くクライアントにとっては、灯台のような存在です。常に変わらずそこにいることができるのが「存在の力」です。そして、その力を自分自身も持つことをクライアントが受け入れ、内在化していくプロセスがセラピーの中で展開していくのです。

先程のクライアントは、こうしたプロセスを経て、怒りというこれまで封印していた感情を受け入れることによって、「情動のエリア」に怒りの要素が加わり、その結果、新たな世界を見ることができたと言えます。そして、その新たな世界感の中でどのように生きていくのかは「思考の力」の仕事になります。

このようなプロセスでクライアントは変容していったのですが、やはりそれでも、セラピストが怒りを露わにすることに批判的な方もおられるでしょう。しかし、私は、それもありだと思っています。私のスーパーバイザーであった、尊敬するDr. Mさんは、スーパービジョンの中で「治れば、それでいいのよ」と言っていました。それをセラピーと呼ぼうが呼ぶまいが、クライアントの回復をサポートできればそれでいいのです。

直面化には、これまでお話してきた以外にも、さまざまなアプローチがあります。例えば、依存の傾向が強くて、なんとかセラピストを頼って答えを引き出そうとするクライアントや、セラピストをあの手この手でコントロールし、自分を正当化する言葉を言わせようとするクライアントもいます。そのような場合には、セラピストが長い沈黙をするというアプローチがあります。沈黙の意味は「答えは、あなたの中にあるでしょ?」ということです。私自身の経験では、一時間ぐらい沈黙したこともあります。

直面化のアプローチは、セラピストにとっては、激しい嵐の中で神経を研ぎ澄ませていなければならないような場面です。だからこそ、セラピストには、どんな強力な「ダンスの力」の中でも、揺るがずに無防備でそこに存在していられる強く安定した「存在の力」が必要なのです。

〔参考文献〕

（1）吉福伸逸（2015）『世界の中にありながら世界に属さない』サンガ
（2）ワインバーグ, G.(2001)『セラピストの仕事』金剛出版
（3）ナピア, O.Y. ウィテカー, C.A.（1990）『ブライス家の人々』家政教育社

第4章　思考のエリアを入り口にしたセラピー

ここからは、心の四つのレベルそれぞれにアプローチする様々なセラピーについて、お伝えしていきたいと思います。まずは、行動・思考のレベルで、「思考の力」に働きかけるセラピーについてです。「思考の力」にアプローチするセラピーについては、浅いレベルのセラピーと考える人もいるかもしれませんが、それは誤解というものです。「思考の力」は、他の「情動」、「存在」、「ダンス」全ての力に影響を与えるのです。

1.　サイコエデュケーション

まず、これがセラピーか?というものから始めましょう。サイコエデュケーションは、クライアントになんらかの臨床心理学的な知識などをレクチャーすることです。これまで紹介してきた「精神的成長のプロセス」、「心理的に不安定になりやすいライフイベント」、「好奇心と心の三つの欲求」、「心の四つのレベル」、「見えないコントロールのパターン」などについてレクチャーすることも、サイコエデュケーションになります。クライアントは、新たな知識を得ることにより、問題への対処の仕方に気づくかもしれませんし、余計なことを思い煩わずに、自分の本来のテーマに向かうことができるようになるかもしれません。また、現在の自分の混乱が、自然なプロセスであることを理解し、安心するかもしれません。以下に、そのいくつかをお伝えします。

（1）トラウマ反応についてのレクチャー

トラウマを受けた人は、再体験や回避や身体症状といった反応を示しますが、クライアントは、そうした反応が異常なものであり、自分はおかしくなってしまったのではないかという不安に駆られている場合も少なくありません。そうしたクライアントに対し、典型的なトラウマ反応をお伝えし、それが、トラウマ体験に伴う「自然な反応である」ということを説明します。

さらに、そうしたトラウマには意味があることもお伝えします。私の場合、次のようなたとえ話をすることがあります。

セラピスト：例えば、○○さんが、シマウマだったとして、アフリカの広々とした草原で気持ちよく草を食《は》んでいたとしましょう。草むらが不自然に動いたと思ったら、突然ライオンが襲ってくる。◯◯さんは、必死で逃げ、なんとか逃げることができたとします。もう、ライオンは追ってきません。楽観的な◯◯さんは、ライオンから襲われて死にそうになったという恐怖の体験をすっかり忘れ、再び楽しく草を食みます。さて、◯◯さんは、この後どうなりますか？

クライアント：それは危険です。また、ライオンに襲われるかもしれません。

セラピスト：そうです。だから、危険な目にあった経験は、しっかり覚えておく必要があります。それが、先ほど説明した◯◯さんのトラウマ反応のひとつなのです。トラウマ反応は必要なのです。でも、◯◯さんの反応は、ちょっと大きすぎるだけなのです。これを、適切なレベルにまで小さくすることができたら、便利ですよ。良い危険予知のセンサーになります。

こうしたやりとりで、クライアントは、自分のトラウマ反応が異常ではないということを知り、それどころか、良いセンサーになるという希望を持ちます。そのような状態になったら、次のようなアプローチをするのも良いでしょう。

セラピスト：◯◯さんの、これまでのトラウマ反応に伴う不安のレベルを一〇〇としましょう。今日、トラウマ反応には意味があると聞いて、不安のレベルは、いくつになりましたか？
クライアント：少し小さくなりました。七〇ぐらいでしょうか。
セラピスト：レベルがいくつぐらいになったら、トラウマ反応がいいセンサーになると思いますか？　直感で、結構ですよ。
クライアント：二〇……いや、一〇でしょうか。
セラピスト：では、一〇を目標にしましょう。
クライアント：そんなこと可能なのですか？
セラピスト：可能です。〇〇さんが、いま一〇とおっしゃった時、心にイメージがあったはずです。それは、自分にはできるというイメージが、〇〇さんには、すでにあることを示しています。イメージできることは、それを実現する準備ができていると言われています。ですから、一〇を目標にしたらどうでしょうか？
クライアント：わかりました。やってみます。

このような展開になることはよくあります。レベル一〇というのは、〇〇さんの直感なのですが、一〇％という値は意味のある数値かもしれません。例えば、幻聴に悩む統合失調症のクライアントの幻聴のレベルが、一番激しい時の一〇％以下になると、日常生活に全く問題がなくなることが多いのです。

ご紹介したアプローチは、基本的に「思考の力」に働きかけていますが、その後、イメージの力（シマウマのイメージ）を使って、「情動の力」にも働きかけています。このことにより、思考のレベルで得た知識が、イメージの中での体験を通して、理解し、それが定着するのです。

（2）感情はコントロールしないで良いことを伝える

とても多くの人たちが、「感情はコントロールしなければならない」という思いに縛り付けられています。しかし、これは、大いなる誤解です。感情はコントロールしないで良いのです。クライアントは、そうした説明をしても即座に納得できないでしょうから、次のようなミニ・エクササイズをしてみたりします。これは、怒りのテーマがあったクライアントとのやりとりです。

セラピスト：それでは、ここで、ちょっとしたエクササイズをやってみようと思うのですが、いかがですか？
クライアント：はい。
セラピスト：目を瞑って、〇〇さんの好きな食べ物を思い浮かべていただけますか？　何か思い浮かびましたか？
クライアント：タイカレーが浮かびました。
セラピスト：タイカレーがお好きなのですね？　では、ここで、タイカレーを嫌いだと思うことはできますか？
クライアント：できません。
セラピスト：そうでしょう？　では、目を開けてください。感情というものは、直接的にコントロールすることはできないのです。好きなものは好き、嫌いなものは嫌い、悲しい時には悲しいし、理不尽なことをされれば、腹が立つ。これは、自然なことです。感情に良い悪いはありません。でも、「怒り」、「嫉妬」などの感情は、良くない感情なので、コントロールしなければならないと思っておられる方が少なくないのです。「怒り」も「嫉妬」も自然な感情です。
クライアント：自然かもしれませんが、例えば、怒りを表してしまったらまずいのではないですか？
セラピスト：そこです。感情を感じるのは自然で良いも悪いもないのですが、表現の仕方は、気をつけなければいけないのです。つまり、感情はコントロールするものではないのですが、行動はコントロールしなければいけないのです。怒りはＯＫですが、怒りに任せて暴言を吐くとか、暴力を振るうというのがいけないのです。

クライアント：しかし、行動をコントロールするとしても、出てきた感情は残ったままだと思いますが。
セラピスト：○○さんは、二十四時間、三六五日、怒り続けることはできますか？　できませんよね？　感情は、そのままにしておけば、やがて変化していくのです。逆に「怒ってはいけない」とコントロールしようと思うと、その思いの奥に、怒りはいつまでも存在し続けるのです。抑えつけようとするのではなく、怒りを観察するのです。どんな怒りなのか、心の中でイメージしてみるのです。例えば、真っ赤なマグマのような怒りとか、爆発するような怒りとか、あるいは、氷のような冷たい怒りとか。○○さんが△△さんに感じた怒りは、どのような怒りですか？
クライアント：私の場合は、火山が噴火しそうな感じです。
セラピスト：相当強い怒りですね。そうした強い怒りを持ちながら、○○さんが、行動をコントロールし、落ち着いて対応できたら、自分自身に対してどんな気持ちがすると思いますか？
クライアント：まあ、良く耐えたなと。
セラピスト：怒りは、どうなっていますか。
クライアント：まだありますけど、さっきほどではありません。
セラピスト：先ほどのように、いま残っている怒りをイメージしたらどうなりますか？

クライアント：炭の熾火みたいな感じですね。
セラピスト：感情はコントロールしようとすると、そのままですが、受け入れて見つめていると、自然に変化するのです。

こうしたやりとりを経て、クライアントは、自分の感情と思考・行動を分けて考えることができるようになります。そして、それが苦痛を伴う不快な感情であっても、必要な感情なのだということに気づくことができるでしょう。また、感情を抑え込もうとすればするほど、逆に感情が強化されてしまうことを知るでしょう。認知行動療法の実践家である、ヘイズは考えを抑え込もう（抑制しよう）とすることは、事態をさらに悪くするだけだ[1]と言っています。
このアプローチでも、「思考の力」から「情動の力」を経て、クライアントの世界観が少し変化しているのです。「感情はコントロールしなければならない」という考えが、「コントロールするのは、行動だけでよい」という考えに変わったのです。

（3）自動思考、歪んだ信念、スキーマ

人の考え方には癖があり、現実を歪めて捉えてしまうことがあります。例えば、以下のようなことが起こります。

ある日、「Ｄ君が朝、挨拶してくれなかった」ということが起こりました。Ｅ君は、いつもそうなのですが、「Ｄ君が挨拶してくれないようでは、やっぱり俺はダメだ」と考えてしまいます。そして、「Ｄ君が挨拶してくれなかったということは、僕は、クラスのみんなから嫌われているということだ。なぜなら、Ｄ君はクラスのボスだから」と、出来事を結論づけます。こうしたプロセスの背景には「僕は人から受け入れられない人間だ」という思いがあります。

上記の例では、「Ｄ君が朝、挨拶してくれなかった」が、実際に起こったことで、それに伴い、自動的に湧いてくるのが「やっぱり俺はダメだ」という考えです。そうした現実とはいえないけれど自動的に浮かんでくる考えを、自動思考と言います。後ほど、紹介しますが、人には多かれ少なかれ、固有の自動思考を持っています。

そのあと、Ｅ君は、「Ｄ君が挨拶してくれなかったということは、僕は、クラスのみんなから嫌われているということだ。なぜなら、Ｄ君はクラスのボスだから」と結論づけているのですが、これは「歪んだ信念」と呼ばれます。「歪んだ信念」とは、過去の経験を歪んで一般化してしまった、論理的でも、現実的でもない思い込みのことです。そして、「僕は人から受け入れられない人間だ」という考えは、「スキーマ」と呼ばれます。「スキーマ」は、過去の経験に基づいて作られた心理的な枠組みや認知的な構えで、自動思考や歪んだ信念の根底に流れる思い込みです。

セラピーでは、スキーマを現実的なものに変えていくことを援助するわけですが、いきなりスキーマを扱っても、クライアントにとっては、理解しにくいことかもしれません。長い年月にわたって作り上げてきた信念だからです。

セラピーでは、まず、自動思考を扱うことが多いと言えます。何か不都合なことが起きた時、どんな考えが浮かびやすいのかを話し合うのです。クライアント自身が思い浮かばなくても、セラピストとの会話の中で、拾い上げていくこともよくあります。口癖のように、特定の言葉、例えば、「僕は、ダメだ」や、「そんなの無理です」と言った言葉が出てくるようであれば、それが自動思考である可能性が高いのです。以下に、主な自動思考を示します。

・悲観的運命の確認

「やっぱり私は、こうだ」、「こういう運命なんだ」など。

・否定的自己

「私は、最低な人間だ」、「生きている価値が無い」など。

・自責の念

「私がいけない」、「自分の責任だ」など。

・あきらめ

「なにをやっても無駄だ」、「こんなことしても意味がない」、「こんなことするのは無理だ」など。

・悲観的予測

「どうせダメだ」、「きっとダメだ」、「またダメなんじゃないか？」、「どうせ受け入れられない」など。

・完璧主義

「○○しなければならない」、「私は間違ってない」、「失敗してはいけない」など。

・悲観的対人認知

「みんな私を嫌っている」、「私はみんなと違う」、「みんな私のことを変だと思っている」など。

・否定的結論の先取り

「私にはできるわけがない」、「私には無理」、「うまくいくはずがない」、「みんな僕を嫌いになるんじゃないか」など。

・恐怖の先取り

「何か（嫌なことを）されるにちがいない」、「もし○○が起きたらどうしよう」など。

・思考停止

「どうしよう」、「いっぱい、いっぱい」、「わからない」、「なんとかしなきゃ」など。

・被害者的思考

「なんで僕ばかり?」、「いつもこうだ」など。

・後悔

「なんてことをしたんだ」、「なぜ、○○できなかったんだ」など。

・肯定的評価の否定

他者からの肯定的なコメントに対し、必ず、「でも」、「しかし」と肯定的コメントを否定する。

クライアントに、自動思考、歪んだ信念、スキーマの説明をした上で、上記の自動思考リストを示し、自分の自動思考を見つけてもらい、どのような時に自動思考が浮かんでくるのか、その時にどのように気分が変化するのかを、セラピーセッションの中で話し合います。また、自動思考が起こっている時に特有の身体反応を伴うことが少なくありません。肩や首に力が入る、喉がつまる、心臓が圧迫されるような感覚があるなどです。セラピーの中では、身体反応と自動思考の関連についても話し合います。例えば、セラピストがクライアントの特有の身体反応に気づいたら「今、どのようなことを考えていましたか?」といった問いかけを行い、クライアントに、自動思考との関連に気づいてもらうように導きます。普段の生活で、こうした身体反応に気づくことができれば、自動思考を鎮めることができるようになります。その際、自動思考に囚われていた自分を「あぁ、また自動思考に捕まってしまった」

などと責めてはいけません。そうした自己批判は、新たな自動思考のきっかけにもなり得るからです。普段から、自分の自動思考に気づくようになれば、自動思考は弱まり、ついには消えていきます。

この他、精神病理とその回復プロセスについてレクチャーをする、物質依存における脳損傷について説明するなど、サイコエデュケーションに適するテーマはたくさんあります。サイコエデュケーションのコツは、短く簡潔に、わかりやすい言葉で説明することです。その際に、感情が湧き出てくるような簡単なエクササイズやイメージワークを取り入れることも有効です。

2. 反社交的（asocial）応答……クライアントを混乱させる

「クライアントの話が不毛であることを伝えるために、カウンセラーはクライアントの前提から、からかい半分の結論を引き出すこともある[2]」

これは、カウンセラー教育で知られる、ジェラード・イーガンの言葉です。クライアントがいつまでも同じ思考ループにはまってしまって、身動きが取れないような状態になった場合、セラピストが、クライアントの話に対し、同意するわけでも無く、からかっているようにさえ聞こえる応答をし、そのことにより、クライアントがこれまで固執してきた思考パターンとは別の視点を得ることができるようにサポートしていくことがあります。こうした対応は、「反社交的（asocial）応答」と呼ばれています。反社交的応答により、クライアントがこれまで持っていた歪んだ信念が揺らぎ、混乱し、それが、新しい価値観・世界観を構築していくきっかけになり得るのです。クライアントは、果たして今までの思考パターンが唯一の方法なのかと考えるようになるのです。

以下に反社交的応答の会話例をいくつかお伝えします。まずは、夫に対して不満があり、セッション中、夫がいかに悪い人間かを訴え続ける六十代主婦の事例です。

クライアント：夫は、酒飲みで、まったく家族のことを顧みず、仕事もいい加減だから出世もしなかったんです。もう、随分前から愛情も無くなりました。

カウンセラー：今日、セッションに来られてから、二〇分間、ご主人についてのお話を伺ったわけですが、◯◯さんのおっしゃる通りなら、ご主人には、まるで、いいところがないようですね？　酒飲みで、家庭を顧みず、仕事もいいところはないのであれば、救いがありません。おまけに、◯◯さんには、もうご主人に対する愛情もないとのことですから、もし、そうであれば、離婚という選択肢が現実的だと思いますが、いかがでしょう。

クライアント：えっ、離婚ですか？　そこまで、考えなければいけないですか？

セラピスト：離婚が最も良い解決法という例はたくさんありますが……。

クライアント：でも……。

セラピスト：と言うことは、◯◯さんは、離婚には抵抗がおありになるみたいですね？　何が、◯◯さんを足止めさせるのでしょう？　そのことについて、一緒にもう少し考えてみませんか？

この後、クライアントは、自分が夫に何を求めているのか、改めて考えるようになるかもしれません。このクライアントは、夫に不満があるが、離婚する気はなく、しかし夫の悪口を言い続けなければならない、何らかの理由があるのでしょう。セラピストの反社交的応答は、クライアントは、本来のテーマであるその「理由」について考えるようになるきっかけとなるのです。こうした対応は、時に非常に有効で、クライアントが自分のテーマに直面することを後押しすることにもなりますが、慎重に行わないと、逆にクライアントを傷つけてしまうことにもなります。反社交的応答をする場合には、セラピストとクライアントの間で、しっかりしたラポールが形成されていることが必要です。また、セラピストは、完全に落ち着いている必要があります。自分の感情の動きにも、クライアントの反応についても、静かに俯瞰できるような姿勢を保てないのなら、このような反社交的応答は、すべきではありません。

次の事例は、人間関係がどうもうまくいかない三十代女性クライアントの例です。彼女は、いつも「良い人」であり、周りの人たちに尽くすのですが、結局疲れ果ててしまって、ちょっとしたきっかけで、孤立してしまったと感じてしまい、次第にグループの中で浮いてしまうということを繰り返しています。

クライアント：誰も私の気持ちをわかってくれないんです。
セラピスト：それは、当然のことです。
クライアント：えっ？　どうしてですか？
セラピスト：他人の気持ちは、わかりません。
クライアント：えっ？　わからないのですか？　でも、先生はセラピストでしょう？　人の気持ちがわかる人なのではありませんか？
セラピスト：そこが大きな誤解です。セラピストだろうが誰だろうが、人の気持ちはわかりません。西洋には、「悪魔でさえ、他人の気持ちはわからない」という諺があります。他人の気持ちを勝手に憶測してわかったつもりになったらいかんということです。人の気持ちはわからない。セラピーは、その前提から始まります。だから、私も○○さんにいろいろと質問し、○○さんがお答えいただいた内容をイメージして、イメージしきれないところは、また質問してということを繰り返し、やっと「○○さんは、きっとこういう思いなのかな」というのが、ほのかに浮かんでくるのです。それでさえ、完璧にわかったわけではなく、必ずどこか食い違いが出てきます。食い違いが見つかったら、またそこを探求していく……そういうプロセスを経て、人は、やっと理解し合えるのです。

このセラピストの言葉は、クライアントを混乱させるでしょう。しかし、その混乱の中から「人とわかりあうためには、それなりに、お互いの努力が必要である」という新しい世界観を得るかもしれません。新しい世界観を得るためには、これまでお伝えしてきたように、これまでの世界観を一部壊さなければならないのです。その際、今まで信じていた世界観を疑うわけですから、混乱します。反社交的応答は、そうした発展的混乱を導くのです。

もう一つの例は、就職が決まったものの人間関係がうまくいかず、一ヶ月で辞めてしまった二十五歳の息子を持つ五十代の共依存傾向の強い母親の例です。ちなみに、息子が会社を休んだ時も、退職した時も、会社に電話をしたのは母親です。母親が電話をした理由は、「息子が辛そうだから」ということでした。

クライアント：息子は、いい子なんです。学校では、何も問題がなかったのです。一時不登校になったことはありましたが、無事卒業し、就職できて、でも会社に行けなくなって、新型うつと診断されて……。

セラピスト：退職されてから、息子さんは、どうされているのですか？
クライアント：ずっと、家にいます。
セラピスト：家で何をされているのですか？
クライアント：家では、昼夜逆転で、どうやらゲームをしているみたいです。食事は、私が作っているのですが、三食食べています。栄養のバランスも気をつけているのですが、間食してしまうのと運動不足で、最近太ってしまって。
セラピスト：素晴らしい！　息子さんは、何の不自由もないではないですか？　三食食事が出て、寝たい時に寝て、起きたい時に起きる。ご実家なので、家賃も光熱費も払う必要がない。こんなに幸せな生活はないではないですか？　この生活を変える必要がありますか？
クライアント：それでは、息子は自立できないじゃないですか！
セラピスト：それは欲張りというものです。あれもこれも、全て手に入れることはできません。「捨てることこそ、人生だ」と、誰か偉い人が言っていましたが、人は人生の中で、何か捨てていかなければならないのです。仏教でも「煩悩を捨てよ」と言うでしょ？息子さんが自立を希望するなら、今のお母さんに依存する生活を捨てなければなりません。しかし、息子さんがそれを望まず、ご両親も現状のひきこもり状態をよしとするのであれば、息子さんが「自立する」と言う希望を捨てるのが良いでしょう。

クライアント：いつまでもあの子に家にいられるのは、嫌なのです！
セラピスト：お母さんが、嫌なのですね？
クライアント：はい、そうです。もう、耐えられません。
セラピスト：わかりました。息子さんが現状維持を希望しているのか自立したいのかは不明ですが、お母さんがこの現状が嫌だと言うのなら、息子さんには、もう成人しているわけですから、自立してもらわなければなりませんね。
クライアント：そういうことになりますね……。
セラピスト：現状を変えるためには、やり方を変えなければなりません。お母さんの今までのやり方も、変えなければならないところが出てくると思いますが、そのあたりのことをこれから一緒に考えていきましょう。また、息子さんがどういう考えか、お聞きする必要がありますので、息子さんとのセッションをして、その上で必要であれば、家族セラピーを計画しましょう。

この例では、息子は「新型うつになったので、会社を辞め家にひきこもる」ということで、現状から動かないという選択をしています。母親の方も同じく、動かない選択をしています。「息子には自立させたい。しかし、息子は新型うつと診断されたので、会社に行かせることはできない。また、かわいそうな息子のために、母親として食事を作るなどの世話をしなければならない」というループから逃れることができていないのです。

セラピストは「ひきこもることは息子にとっての幸せなのだから、このままずっと息子にはひきこもってもらう」という、母親にとっては好ましくないであろう提案を、あえてしています。この提案は、母親自体も息子と同じ「動かない」選択をしているということを示す目的があります。母親は混乱しましたが、今のやり方が通用しないことあたりまでは、理解することができました。

この例では、セラピストの反社交的応答が、母親をワンパターンな思考ループから逃れるきっかけを作ったと言えます。その後、母親が変容し、母親自身が息子への過干渉をやめることにより母子関係が変化し、家族のシステムも変容し、家族メンバーそれぞれが自立するということが、セラピーのゴールになるでしょう。

反社交的応答は、非常に効果的ではありますが、セラピストがAuthenticで冷静でなければ、クライアントいじめになってしまうことすらあります。その自信がなければ、決してやらないことです。また、ユーモアのセンスもあると良いでしょう。セラピストが厳しいことを言っても、そこにユーモアを感じることができれば、クライアントも受け入れやすいというものです。全く常識から外れた発言をしながら、毅然としており、それでいてどこかユーモアがあり、人々から好かれた一休さんのような態度が理想です。3章に書いた家族セラピーの最中に居眠りしてしまったウィテカーの「あなたたちの会話があまりにいつも一緒なので、退屈して眠ってしまった」も反社交的応答になりますが、ウィテカーは、全く悪びれずにこのセリフを述べていて、その姿はどこかユーモラスでした。このように、反社交的応答には、セラピストの多角的なスキルと心構えが必要なのです。

注意点としては、観察自我が機能不全を起こしていて、自分を俯瞰して見つめることが非常に難しいクライアントの場合には、反社交的応答は、基本的に適用しないほうが良いでしょう。

3. ミラクル・クエスチョンとコーチングの手法

ミラクル・クエスチョンは、戦略的行動療法の中の一つの手法です。現在起こっている問題が解決したとしたら、未来にどんなことが起こるのかをイメージする方法です。

具体的には、セラピストはクライアントに、次のような質問を投げかけます。[3]

「あなたが眠っている間に奇跡が起こって、あなたがいま悩まれている問題が解決してしまったとします。でも、あなたは問題が解決してしまったことを知りません。次の朝、どんなことから、寝ている間に奇跡が起こったことを知るでしょう?」

「その変化に気づいた時、あなたは、どんな気持ちになりますか?」

「奇跡が起きて、問題が解決したとわかったとき、あなたは、最初に何をしますか?」

「その時、ご自分に、どのような変化がありますか?」
「あなたの変化に最初に気づく人はだれでしょう?」
「その人は、あなたがどのように変化したと言いましたか?」
「あなたは、どんな気持ちになりますか?」

クライアントは、これらの一連の質問に答えることによって、自分が将来うまくいっている状態をクリアにイメージすることができます。そして、そのイメージが自分の将来の目標になり、その目標を達成するためにはどうすれば良いか考えることができるようになるのです。

精神的トラブルに陥っている時、人は、自動思考、歪んだ信念、スキーマによって、思考の方向が狭められてしまっています。「僕はダメだ」と思い込んでいる人は、自分がダメな方向でしか物事を考えられないのです。非自我極の中で働いている「思考の力」は、原抑圧で抑え込まれ、自我極にその力を反映させることが限定的にしかできていないのです。つまり、「僕はダメだ」という考えに沿ったもの以外の考えは、自我のレベルで察知することができないのです。

「あなたが眠っている間に奇跡が起こって、あなたが今悩まれている問題が解決してしまったとします」というミラクル・クエスチョンの前提条件は、原抑圧を緩めます。そのため、非自我極と自我極の情報交換がスムーズになり、非自我極で生まれた純粋な考えが、歪んだ信念に影響されないまま、自我極で言語化されるのです。

ミラクル・クエスチョンと同様な考え方の手法を取り入れているのが、コーチングです。コーチングの中では、次のようなエクササイズをします。

まず、クライアントは、コーチ（セラピストと置き換えて読んでいただいても構いません）の誘導で、リラクゼーションの呼吸を行います。

クライアントが十分に落ち着いたら、コーチは、「◯◯さんが、今抱えている問題が全て解決したとします。そして、二〇年の年月が経ちました。現在は、二〇YY年です。二〇YY年の◯◯さんは、どんな様子ですか？　どんな表情をしていて、どんな友人がいて、どんなところで働いているでしょうか？　できるだけ詳しく思い描いてください」と、クライアントに問いかけます。

クライアントは、コーチの問いかけに答え、できるだけ詳細に浮かんできたイメージを答え、そのとき感じた感覚や浮かんできた感情を味わい、コーチに伝えます。

次に、コーチは、「二〇YY年の◯◯さんが、二十年前の二〇XX年の◯◯さんを思い浮かべると、どのような気持ちがしますか？　また、二〇YY年の◯◯さんが、二〇XX年の◯◯さんに声をかけるとしたら、どんな言葉をかけますか？」とクライアントに尋ね、クライアントが応えます。その後、コーチのイメージ誘導で、現在の二〇XX年に戻ってきてもらい、目を開け、このエクササイズの感想を話し合います。

最後に、クライアントに、二〇Y年の自分を実現するための第一歩のアクションを考えてもらいます。アクションは、一週間以内に実現できるような簡単なものを考えます。そして、実際にそのアクションを実行してもらって、その結果をコーチと話し合うというものです。この結果、クライアントは将来の自分のイメージや進む方向性が見えてくるだけではなく、それを実現するために、まず一歩を踏み出してみるという実際の行動に移していきます。新たな行動を取るとき、最初の一歩がなかなか踏み出せないのですが、こうした手法を使うと、すんなりと前に進むことができます。

コーチングのこの手法は、平本相武著「コーチング・マジック」[4]の中で紹介されていたエクササイズをアレンジしたものです。このコーチング手法も前述したミラクル・クエスチョンと同様、強すぎる原抑圧を緩めることにより、非自我極でうごめいていた「思考の力」を自我極に解放させているのです。この手法ではさらに、未来のイメージの中で浮かんだ感覚・感情を味わうことによって、未来の自分の姿をイメージの記憶として定着させています。これは「情動の力」が「思考の力」に働きかけていると言えます。ただし、こうした手法は、病理レベルが深い場合には、有効ではないことが多いと言えます。例えば、うつや不安のレベルが重い場合、未来のイメージの中でそうした症状が増幅する場合が少なくないからです。

4. リフレーミング

クライアントが「○○さんが、私を嫌って避けているみたいなんです。どうして私が嫌いなのかしら?」と言ったとします。それに対して、カウンセラーが「そう考えるのは、あなたが○○さんと良い関係になりたいと思っているからかもしれないですね……」などと返すのが、リフレーミングです。出来事の解釈をクライアントの思考プロセスとは別の捉え方でセラピストが提供するやり方です。

リフレーミングには、カウンセラーそれぞれ、いろいろなやり方があるといいます。正解はありません。

「普通の人々」というアメリカ映画があります。とてもいい映画です。ヨットの事故で一緒に乗っていた兄（バック）を亡くして生き残った弟のコンラッドが主人公の物語です。コンラッドは、事故の後、PTSDで入院も経験します。彼は、優等生でスポーツマンで学校の人気者だった兄に対して劣等感を持っていました。そして、母親が、自分ではなく兄を愛していたことを知っていました。コンラッドは、退院後セラピストに定期的に会い、個人セラピーを受けるようになります。

ある日、コンラッドの入院時代の友人の女性が自殺し、そのショックでパニックになります。その時、コンラッドの頭の中には、事故のシーンがフラッシュバックしています。嵐の中ひっくり返ったヨットに、バックとコンラッドが必死に捕まっていたのですが、バックが手を離し、溺れてしまうシーンです。コンラッドは、パニックのままセラピストに会い、セラピストに泣きながら訴えます。

「僕が死ねばよかったんだ。バック、なんで手を離したんだ！」

その時、セラピストが言います。

「君の方が強かったからだ」

これは、見事なリフレーミングです。小さい頃から兄に劣等感を持っていたコンラッドは、自分が兄より強いなんて思ったこともなかったでしょう。この一言が、コンラッドの自己感を変えていくきっかけになります。

クライアントが今まで考えてもみなかった視点を提供するリフレーミングの効果は、とても大きなものにもなり得ます。しかし、リフレーミングを行うためには、セラピストの自由で柔軟な思考と、セッションの中で絶妙なタイミングを掴むセンスが必要です。そのためには、セラピストは「常識だから」、「権威のある人の言葉だから」、「みんながそう言うから」といった理由で、情報を頭から信じる姿勢ではなく、多角的な視点を持ち、得られた情報に対し「それは本当か？」と問いかける姿勢を持つことが必要でしょう。そうした姿勢が身についていないと、効果的なリフレーミングはできません。

私自身の経験をお話ししましょう。ある日のこと、エレベーターに、三十代前半ぐらいの女性と三～四歳ぐらいの女の子の親子が乗って来ました。

そのくらいの年齢の子は、じっと大人の顔を見るものです。彼女は、私をじっと見つめながら、舌足らずに「コンニチハ」と言いました。私も当然「こんにちは」と答えました。まあ、なんともかわいいものです。

彼女には、何か言いたいことがありそうでした。そして、私をじっと見つめたまま、彼女は言いました。

「アンパンマン……」

そうなのです、彼女は、私がアンパンマンに似ていると思ったのです。私は、一瞬うろたえた後、「そうだね、僕はキミにとってのヒーローなんだね、メロンパンナちゃん」と、心の中でリフレーミングしました。

このように、リフレーミングのトレーニングは、日常生活の中で簡単にできるのです。

5.　第三世代の認知行動療法　ACT（アクセプタンス・コミットメントセラピー）

思考のレベルへのアプローチとしては、認知行動療法の一連の手法が有効です。認知行動療法は、行動療法から発展した心理療法です。行動療法は、人間の精神的な不調に伴う問題行動（パニック、拒食・過食、嗜癖、自殺念慮など）は不適切な条件付けによるものとし、適切な条件付けにより行動を修正することで、そうした精神的不調からの回復をサポートするものです。行動学派では、心理学が科学であるためには、客観的な事実、すなわち行動を対象としなければならないと考えました。客観的に確かめることのできる刺激（Stimulus）と、それに対する反応（Response）との結合関係（S–R結合）の関係を明らかにする事が、心理学の仕事となるとしたのです。しかし、その後、S–R結合だけでは人間の心理を説明できないとの批判から、人間の行動と価値観、そして情緒反応の相互作用を考慮した認知行動学派が登場しました。認知行動療法は、行動の背景にある認知機能に注目し、精神病理的な症状は認知の歪みによってもたらされると考えています。例えば、認知行動療法の代表的理論であるＡＢＣ理論では、人間の精神活動から行動までのプロセスを①出来事：Activating event（「いじめを受けた」などの事実）、②思い込み：Belief（「いじめを受けたのは、自分がだめな人間だからだ」などの歪んだ認知）、③結果：Consequence（「自分は、だめな人間だから常に目立たないように行動する」などの行動）としています。つまり、認知行動療法では、①いまここに注目し、②歪んだ思い込みをリフレーミングし、③行動様式を変えることにより、精神病理からの回復を促します。

行動療法も認知行動療法も、精神的なトラブルの原因となった過去の出来事には言及しません。過去の出来事に言及し、積極的にアプローチをする心理療法は、精神分析療法です。

精神分析療法では、精神現象は、無作為に起こるものではなく、いかなる思考・感情・記憶・行動にも、それを起こす原因が存在すると考えます。心の病は、過去の心的外傷体験を無意識の世界に抑圧する結果、生じるとし、臨床の場では、治療者が、患者の心理を分析し、心的外傷体験を解釈することにより、病状が回復すると考えています。

行動療法、認知行動療法は、精神分析療法に対抗する形で生まれた療法で、非常に有効な心理療法ではありますが、臨床の現場では、様々な不都合な部分も明らかになってきました。認知行動療法では、多くの宿題が出されることがあるのですが、クライアントの中には、そうした宿題をやる気力がないクライアントもたくさんいるのです。また、認知行動療法の主要な要素である「頭で考える」アプローチに興味を示さない、あるいは、拒絶するクライアントも多いですし、非自我極で起こっている現象を、自我極の認知レベルの言葉で表現することに困難を感じるクライアントもいます。そして、過去のトラウマに直面し、分析し、介入した方が回復の早いクライアントもたくさんいるのです。そうしたクライアントに従来の認知行動療法は、十分な効果を上げることができません。

近年、行動療法や認知行動療法の「行動や認知を修正する」という考え方から、ネガティブな感情は自然なものであり、その感情と距離を置いて観察することにより、認知、行動、感情が修正されていくと言う考え方の「第三世代の認知行動療法」と呼ばれる一連の心理療法が提案されてきました。ちなみに、第一世代は行動療法、第二世代は従来の認知行動療法になります。DBT（弁証法的行動療法）、ACT（アクセプタンス・コミットメントセラピー）、マインドフルネスストレス低減法などが、第三世代の認知行動療法の代表例です。

第三世代の認知行動療法の重要な要素として、マインドフルネスがあります。マインドフルネスとは、意図的に、いまこの瞬間に、価値判断をすることなく、注意を向けることです[5]。認知の歪みもなくAuthenticに、自分自身の内面で起こっていること（感情、欲求、記憶、身体感覚、イメージなど）に気づいている状態です。

このマインドフルネスを取り入れることにより、認知行動療法は、必然的に、全ての人の中に存在する自己成長の欲求、あるいは、自己治癒力を積極的に利用するようになってきました。この自己成長欲求や自己治癒力は、マインドフルネスの状態で接することができるものです。マインドフルネスという主に人間性心理学派で使用されていた概念を適用しているという点で、認知行動学的アプローチと人間性心理学的アプローチが理論的に統合されつつあると言ってよいでしょう。

ここで、人間性心理学について少し解説しましょう。人間性心理学では、人間に元々ある、自己実現に向かう精神的成長の欲求を強調します。人間性心理学派の人達の中には、あらゆる精神疾患は、人間の精神的成長のプロセスであると考える人達も少なくありません。他の心理学派が「人間の不都合な部分を修正する」ことに焦点を当てていたのに対し、人間性心理学派では、人間の心のポジティブな側面を強調します。臨床の場では、セラピストのクライアントに対する共感や無条件の肯定的受容を強調するため、クライアントに対し非指示的です。

第一世代、第二世代の認知行動療法が指示的な要素が主体だったのに対し、第三世代の認知行動療法では、人間性心理学的なマインドフルネスの導入により、非指示的な要素が加味されていると言えるでしょう。第三世代の認知行動療法は、心理学の諸学派の理論の統合の流れの中で生まれてきたと言えます。

ちなみに、これまで度々紹介してきた自己心理学は、精神分析の基本的考え方をベースに人間性心理学の基本的な成長欲求の考え方を統合した理論と言えるでしょう。もっとも、自己心理学の創設者であるコフートは、死ぬまで、自己心理学は精神分析の範疇であって、人間性心理学とは全く関係ないと主張していたようですが……。

次に、第三世代の認知行動療法の中の代表的な手法であるACT[6]について解説します。ACT（アクセプタンス・コミットメント・セラピー）は、「いま、ここ、自分」の心の上に起きているもの（感情、思考、症状、身体感覚など）を、善悪・好き嫌いなどの判断を起こさずに、受け容れ、依存・回避・強迫などの非機能的行為ではなくて、害にならない行動を実行できるようになることを目的としています。アクセプタンスとは、感覚、感情、思考などに振り回されることも拒絶することもなく受け入れ、一定の距離を保ち続ける態度のことです。コミットメントとは、自分が「何のために何の目的でどこに向おうとしているのか」を認識していながら行動することを意味します。したがって、「ついうっかり」、「気づかないうちに」といった行動は、コミットメントしていない状態と言えるのです。

ACTは、いま、ここで起きていることに意識を向けることを強調します。例えば、不安に陥っている人は、不安になる情報ばかりを集めてしまいます。しかし、現実の世界には「不安」以外の要素が山ほどあるわけです。その人が、いま、この瞬間に起こっていることに気づくことができたら、「不安」の世界から脱するきっかけになります。

「不安」「抑うつ」など精神的不調に陥っている時、人は、歪んだ信念に基づく特定の思考パターンに囚われています。例えば、「僕は、ダメだ」という自動思考に囚われている人は、時にはうまくいったこともあるのに「僕の人生には、何も良いことはなかった」というように記憶を書き換えてしまうかもしれません。そうした記憶・歪んだ信念を、人は、自分の全てと勘違いしてしまいます。この状態をフュージョンと言います。しかし、自分の思考を俯瞰的に眺められると、思考の歪みがあるときには、それに気づくことができます。思考を自己から切り離して俯瞰的に観察し、その歪みを修正することを脱フュージョンと言います。脱フュージョンのためのエクササイズを紹介します。ここで紹介する二つのエクササイズは、自動思考を俯瞰的に見つめることによって、脱フュージョンを目指すものです。

〈自動思考を声に出す〉

・自分を責める言葉（自動思考：「俺は最低だ」、「私には無理」など）を見つけ、数人のグループでシェアする。

・全員で、自分の自動思考を一斉に声に出す。
・自動思考を声に出しながら歩き回り回る。
・早口にする。
・ゆっくりにする。
・歌にする。

〈風船のワーク〉

・以下をクライアントにイメージしてもらうように、セラピストが誘導する。
・イメージの中で好きな色の風船を選ぶ。
・風船がふくらんでいくところをイメージする。
・ふくらんだ風船に、自分の自動思考を書く。
・その風船を窓からそとに離すイメージを浮かべる。
・風船が遠くまで飛んでいく。

☆二つのエクササイズは、ヘイズ，S.C.、スミス，S『ACTをはじめる』[7]の中で紹介されているエクササイズをアレンジしました。

また、思考のレベルで、認知行動的に脱フュージョンを実現するためには「意味的な関係に対する介入」、「機能に対する介入」があります。例えば、「みんなと考えが違うので、みんな私のことを嫌うに違いない」というフュージョンを起こしているクライアントのケースについて考えてみましょう。

「意味的な関係に対する介入」を行う場合の一つの例としては、本当にクライアントは「みんなと考えが違う」のかどうか検討します。そのとき、必ずしも全てにおいて、みんなと違う訳ではないことがわかったとします。すると、クライアントは「いや、必ずしもいつも違っているわけではない。けっこう同じ考えをしていることもあるじゃないか！」ということに気づくかもしれません。

また、「機能に対する介入」を行う場合には、「考えが違うと人から嫌われる」という論理そのものに疑問を投げかけます。セラピストと会話を進めていくうちに、クライアントは「考えが違うことの何がいけないのか？　違う考えこそ、創造性の源じゃないか！　それを非難する方がおかしいぞ！」というリフレーミングを思いつくかもしれません。

こうしたエクササイズや認知行動的なアプローチによって、自分の自動思考、その背景にある歪んだ信念やスキーマを俯瞰することができるようになります。現実のセッションにおいては、脱フュージョンを実現することは簡単ではありません。フュージョンは、例えば「見えないコントロール」により、長い時間をかけて定着してきた思考パターンですから、脱フュージョンを実現するためには、それなりの時間がかかります。

また、脱フュージョンが実現できると、今まで非自我極に封じ込められていた感情や感覚が、自我極に表出してきます。その経験は、必ずしも心地よいものではないかもしれません。

「ACTの実践家は多くの場合、クライアントが直接的に苦悩を減らすことを支援しない。その代わりに『ACTセラピーを終えた後でも、頭を悩ます思考や感情をかなり激しく体験し続ける可能性がある』ということをクライアントが受け入れられるように支援する」というのは、ACTの療法家であるチャロッキとベイリーの言葉です[7]。

ACTの目指すところは、幸せな高揚感ではなく、その経験が苦悩に満ちたものであっても、そこにいることができる「存在の力」を作るということなのです。それは、その瞬間の自分の思考・感情に気づいていることが前提となります。ACTの療法家は、それを「プロセスとしての自己」と呼んでいます。さらに、彼らは、「文脈としての自己」という概念の重要性を強調しています。それは、「プロセスとしての自己に気づいている自分がいることに気づくこと[7]」を意味するのですが、ここまでくるともはや通常の臨床心理学を超えて、仏教の悟りの概念に近い領域になります。このことからも、ACTが、人間性心理学、トランスパーソナル心理学、仏教などの東洋哲学の影響を受けていることがわかります。ただ、ACTでは、そうした高次の領域におけるセラピーについては、十分に言及されていません。

［参考文献］
（1）ヘイズ, S.C.、スミス, S（2010）『ACTをはじめる　セルフヘルプのためのワークブック』星和書店
（2）イーガン, G.(1998)『熟練カウンセラーをめざすカウンセリング・テキスト』創元社
（3）ホフマン, L.(2006)『家族療法の基礎理論』朝日出版社
（4）平本相武(2005)『コーチングマジック』ＰＨＰ
（5）Kabat-Zinn J. *Whatever you go, there you are : Mindfulness meditation in everyday life.* New York: Hyperion, 1994.
（6）ハリス, R.(2012)『よくわかるACT』星和書店
（7）チャロッキ, J.V.、ベイリー, A.（2011）『認知行動療法家のためのACTガイドブック』星和書店

第5章　感覚・感情のエリアから存在のエリアへ

第4章では、「思考のエリアにアプローチするセラピー」についてお伝えしてきました。みなさん、もうすでにお気づきのように、「思考のエリア」にアプローチすると言っても、必ずその奥の「情動のエリア」に反応が起こります。そして、その反応である「情動の力」により、「存在のエリア」の扉が開かれます。扉が開かれたクライアントとセラピストのそれぞれの存在そのものが、「関係性のエリア」における「ダンスの力」で自由に動き回ることによって、セラピーとなってゆくのです。

「情動のエリア」の反応は、セラピーのプロセスの入口と言ってよいでしょう。「感覚・感情」については、セラピーにおいて積極的に取り扱わなければなりません。クライアントから微妙に表出されたサインを、拡大・強調・促進して明確にしていくことが必要です。そうすることで「情動の力」を十分に活用できるのです。

セラピーには、クライアントの情動を「拡大・強調・促進して明確にしていくアプローチ」と、「早すぎる動きを抑えるアプローチ」があります。私は、このふたつのアプローチは、相補的なものであると考えます。クライアントは自己探求という冒険をしています。セラピストは、時には、その冒険を後押しし、危ない方向に行きそうになったら、動きを抑える方向にアプローチします。それは、あくまでクライアントにとって無理のないプロセスとなるべきです。しかし、どのようなアプローチを行っていても、「情動の力」が活性化し、抑圧されていた感情が一気に表出されてきた場合は、激しいアクティングアウトも起こり得ます。セラピストは、そのための備えをしておかなければなりません。特に「情動のレベル」や「存在のレベル」にアプローチするセラピーにおいては、リスクマネジメントも大事ですが、激しいアクティングアウトというクライアントの精神的危機が起きた時にどのように対応するかというクライシスマネジメントも、同様に大切になってきます。

1. ソマティック的視点からのアプローチ：非言語メッセージへの注目

楽しい時には笑い、腹が立つ時には目がつり上がり、いかり肩になり、悲しい時には伏し目がちになり、不安な時には心臓がドキドキし、緊張した時には胃が痛くなるという場合が多いでしょう。人の感覚・感情は、身体反応として現れるからです。

こうした身体反応に注目して、その身体反応から感覚・感情にアプローチするソマティックと呼ばれる諸理論・手法があります。ソマティック的なアプローチとしては、アレクサンダーテクニーク、ロルフィング、フェルデンクライス、ソマティック・エクスペリエンシングなどたくさんの理論・手法があります。また、ゲシュタルト療法やハコミセラピーなどにも、たくさんのソマティック的なアプローチが使われています。ソマティックは、とても適用範囲が広く、有効で、時には強力な手法です。これから、そのいくつかをお伝えしていきます。

（1）身体反応と描写

楽しい話題のはずなのに目が笑っていない、「あなたのためよ」と言いながら能面のような無表情、親切な言葉をかけられているのに胃に不快感がある、特定の人の話題の時に知らないうちに指先が震えている。……こうした、発せられた言葉と、身体表現が一致しない場合、何らかの感覚・感情が抑圧されている可能性があります。

セラピストは、クライアントのそうした言葉と身体表現のちょっとした不協和音に気づいたら、「今、どんな気持ちですか?」「どんなイメージが浮かんでいますか?」「何か思い出したことはありますか?」などと、聞いてみます。こうした質問により、身体感覚と言語化されていない記憶が結びつき、感情が表出してきます。

チックがあった五十代女性Fさんの事例をお伝えしましょう。彼女の悩みは、大学一年生の次女でした。次女は、素直で成績の良い長女と違い、中学生時代あたりからFさんの言うことを聞かず、高校時代には友達と旅行に行くと言って実は彼氏と旅行していたなどということがあったとのことです。Fさんは、次女に対しての不満を語っている時には、声も大きく、表情も豊かでした。そして、次女の話をした後、必ずと言ってよいほど、「長女は、問題ないのですけどね」と付け加えました。そして、その度に、頬にチックが起きていたのです。Fさん自身は、そのことに気がついていません。

セラピストは、Fさんが長女の話が出た瞬間に、右手で、チックが起こっている頬にそっと触れるようにお願いし、「どんな感じがするか」聞きました。Fさんは、戸惑った様子だったので、セラピストがさらに「何か浮かんでくる言葉はありますか？」と尋ねると、Fさんは、不安そうな表情を浮かべ、「長女に対して『何をやっているの！』という言葉が浮かびました」と言いました。

Fさんは、その後、良い子のはずの長女の様子が大学三年になったころからおかしいと感じ始めていることを話し出しました。母親の前では相変わらず素直な良い子なのですが、どうもなにかおかしいとFさんは感じていたのです。夜遅く帰ってくることもあるけれど、勉強はしている、けれども、時々視点が定まらなくなり、わけのわからないことを言うようなことがあったのです。Fさんは「長女は二十歳を越えているので、友達とお酒でも飲んでいるのだろう」と、自分自身を納得させようとしていましたが、無意識のレベルでは、どうもおかしいと感じていたのでしょう。「なにかおかしい」と「長女は良い子だから大丈夫だ」の葛藤が、Ｆさんのチックとなって現れたのです。
実際、長女は彼氏と付き合うようになって、ドラッグに依存するようになっていたのです。チックというサインを見つめることにより、抑圧されていた「なにかおかしい」という不安に行き当たることができたのです。

次は、身体のサインに気づいてもらうことからアプローチした点は先の事例と共通ですが、セラピストがクライアントの身体の反応を描写することによって、介入していく事例です。

クライアントのＧさん（大学二年生の男性）は、軽い抑うつ症状で個人セラピーを受けていました。朝起きれず、そのため不登校ぎみになっており、留年の危険がありました。彼の自尊心は低く、自分の感情を素直に表現することが苦手です。Ｇさんは、セッション中も、自分から話すという姿勢がなく、いつも受身でした。そういうわけで、数回セッションをしても、症状の改善は殆ど見られませんでした。わかったことは、中学一年の時にクラスメイト数人から、執拗ないじめを受けていたことでした。しかし、その詳しい内容も語ってくれませんでした。
あるセッションで、いつものように淡々としたセッションが終了し、ドアを開けて部屋の外に出ようとしていたGさんが、突然振り返り、「そういえば、先週、ばったり中学のときの同級生のHに会いました」と言ったのです。

クライアントは、セラピーセッションがまさに終わろうとしているとき、とても大事な話をすることがよくあります。これをドアノブ効果と言います。ドアノブにまさに手をかけるような最後の瞬間に、意を決して大事な話を始めることです。ドアノブに手をかけるとまでは行かなくても、いつもセッションの最後の五分に重要な話を始めるクライアントもいます。ドアノブに手をかけているわけではありませんが、これもドアノブ効果です。

私は、Gさんに席に戻ってもらって、Hさんとの再会のときの様子についてもう少し詳しく話を聞かせてほしいと伝えました。Hさんは、中学時代Gさんをいじめていたグループのリーダー格の生徒でした。ところが、Gさんは左手を激しく振りながら、「いえ、なにも感じませんでした。Hも、もう大学生になって落ち着いているし……」と繰り返します。

席についたGさんは、さかんに「何もありません」と左手を振りながら答えるのですが、ひざの上に置いた彼の右手は、強く拳を握っていました。

私は、「Gさんが Hさんに対して、今なんとも思っていないことはわかりましたが、どうやらGさんの右手は、違う意見を持っているみたいですね?」と、Gさんに語りかけました。

そのとき、Gさんは、はじめて自分が拳を握っていることに気づきました。そのことに気づいたGさんはうつむき、拳を開くと、涙を流しました。その後、Gさんは、自分がいじめを受けていた間のつらさ、苦しさ、悔しさについて語ってくれました。彼の右拳は、そうした感情をずっと我慢してきたことを示していたのです。そして、左手は「自分は大丈夫」というメッセージを自分自身に向けるのと同時に、周りの人たちに心配をかけないようにという気持ちを表していたのです。

このセッションの後、セラピーのプロセスが進み出し、Gさんは授業を休まないようになり、留年も回避し、無事に大学卒業していきました。このように、身体感覚からのアプローチは、とても効果的です。この基本は、セラピストがクライアントの身体からのサインを、極力見逃さないことです。そのためには、クライアントを共感的に観察することです。そして、描写は、クライアントの心象風景を邪魔しないように、短くコメントすることが大切です[1]。

(2) 身体反応の言語化

クライアントは、身体反応をつかまえたセラピストから「今どんな感じがしますか?」と聞かれても、身体感覚に伴う自分の感情を言語化することが難しいということも少なくありません。そうしたときには、身体反応から連想する言葉を一〇程度、クライアントに短時間に連想し、リストアップしてもらうと効果的な場合があります。リストアップした感情の言葉の中から、もっとも身体反応にぴったり合うものを選ぶのです。抑圧された感情は特有の身体反応を起こすのですが、その感情が認識されると、身体反応は消えていきます。

また、それでも感情の言葉を思い浮かべることができないクライアントもいます。そうした場合、セラピストも連想に加わることもあります。クライアントとセラピストで交互にクライアントの身体反応から思い浮かぶ言葉を述べ合うのです。


クライアントのIさんは、当時二十代の女性で解離性同一性障害と診断されていました。交代人格は、その当時、確認できた限りでは三〇人程度いました。主人格は、小学校から中学校卒業あたりまでの記憶をほとんど思い出すことができませんでした。

彼女とは、その頃までに、途中中断も含めて三年、原則週一回のセッションを行ってきて、なんとか自殺に向かう衝動は抑えるなどの危機回避はできていたのですが、人格の統合に進むことがなかなか困難な状況でした。ただ、どの交代人格も、セッション中に表に出てくれば、私と話をしてくれました。

主人格は、常ににこにこ笑みを浮かべているのですが、少しでも辛い記憶を思い起こさせるような話題になると、別の人格に代わってしまうのです。交代人格それぞれには、担当する感情がありました。絶望的で自殺願望が出る人格や、怒りを外に向ける暴力的な人格や、恐怖で凍りついたような子供の人格や、無邪気で好奇心旺盛な子供のような人格や、自由奔放なアーティストのような人格などがありました。

そうした人格同士の記憶の共有は基本的にありませんでしたが、交代人格の中でただひとりだけ、それぞれの人格を眺めているけれど、決して表に出てこない人格がいました。その人格はトレースと呼ばれていました。トレースは、それぞれの人格について、その特徴と考え方や行動の傾向を記すノートを作っていました。そのノートがあるので、知ろうと思えば、それぞれの人格が何をしていたのかがわかるようになっていました。そのノートを参考にして話し合うセッションを続けたところ、主人格は、次第にいろいろな人格に興味を持つようになっていきました。

ある日のセッションのとき、主人格が、断片的な中学時代の記憶を語り始めました。ストーリー性もなく、ストップモーションのような記憶で、その記憶内容そのものからの情報はほとんどありませんでした。しかし、その話をしているとき、クライアント（主人格）の左の指先が、ほんの僅かですが小刻みに震えていたのです。セラピストが、指の震えについて「左手の指がかすかに震えていますね」と伝えたところ、指先の震えが大きくなり、それは手を激しく振る動作になっていきました。Ｉさんは、「なにこれ？　面白い～」と笑っています。

「この手は、何を訴えようとしているのでしょう？」と、Ｉさんに問いかけるのですが、Ｉさんの答えは「わかりません」でした。そこで私は、連想する感情の言葉を交互に言い合うことを提案しました。クライアントがどうしても連想する言葉を思い浮かべられなかったので、最初の言葉は私が発することにしました。最初の私の言葉は「怒り」でした。その言葉に触発されたのか、クライアントもすかさず、別の言葉を言い始めました。そして、何回かのやりとりのあと、「怯え」という言葉がクライアントから出てきたとき、手の震えに変化が起きました。さらに激しく手が震え出したのです。でも、クライアントによれば、「『怯え』は、なんか違う」のです。次に発した私の言葉は、「助けて！」でした。

そのとき、クライアントの激しい手の動きがピタッと止まりました。クライアントによれば、手の先から胸の方に暖かい感覚が流れてきたと言います。その感覚は「助けて！」という気持ちを聞き取ってもらえたことによる安心の気持ちでした。クライアントは、小中学時代、クラスメイトからの執拗ないじめを受けていました。彼女には、安心する時がなかったのでしょう。安心できないから、次々と交代人格に代わって、学校生活をなんとかしのいでいったのでしょう。

そのセッションの一週間後、クライアントに劇的な変化が起こりました。次のセッションまでの間に、主人格が小学校から中学校卒業までの記憶をほぼ取り戻したのです。これは、一〇人近い交代人格が主人格に統合したことを意味しました。主人格の中に、「他人に助けを求めても良いのだ」「安心することができるのだ」という意識が生まれ、それに関連する交代人格が、すべて統合したのです。

その後も、Iさんとのセッションは続いたのですが、一年後には、人格はひとりに統合されました。最初のセッションから四年が経っていました。このとき以外にも、人格統合のプロセスにおいて、大きな力になったのは、セラピストによる身体感覚の描写とクライアントによる自らの身体反応への気づき、そして、セラピストとクライアントの共同作業による身体感覚の言語化でした。

この項の最後に、身体反応の言語化に有効な手法のひとつである、ハコミセラピーのアクセッシングという手法を紹介します。ハコミセラピー[2]は、人間を自己組織化するシステムとして捉え、クライアントが自分の体験を形成するコア・マテリアル（心の奥底にある記憶や信念、自己や世の中に対するイメージなど）に注目し、自ら変容していくのをサポートする理論・手法で、アメリカのセラピスト、ロン・クルツによって開発されました。その中のアクセッシングは非常に簡単な手法です。以下に示すのは、カリフォルニア・ハコミ研究所の所長だったロブ・フィッシャーから学んだ手法を私なりにアレンジしたものです。ロブは「私の八歳の息子にも出来る方法だよ」と言って、息子がセラピスト役、ロブがクライアント役になって撮影した模擬セッションのＤＶＤを、大学院（ＣＩＩＳ）のクラスの中で見せてくれました。実際、それはセラピーっぽくなっているのです。

その方法は、セラピストが、クライアントに対し、次の問いかけを繰り返すのです。

（1）「体の中でどこか違和感を感じるところを探してください」

（2）「違和感は、なんと言っていますか？」

（3）「違和感はどうなりましたか？」
（4A）違和感が無くなった場合「別な場所で違和感を感じるところはありますか？」
その後、（2）以降を繰り返す。
（4B）違和感が変化した場合、（2）以降を繰り返す。

違和感は、言語化することによって、無くなる場合も変化する場合もあるのです。無くなった場合でも、他の場所に違和感が移る場合が少なくありません。私の場合は、違和感を感じなくなったら、そのテーマでのアクセッシングは終了します。通常、数回繰り返すうちに、扱っているテーマについての主要な感情が明らかになっていきます。

「違和感は、なんと言っていますか？」という言い回しは、別な言葉に置き換えることもできます。例えば、「違和感はあなたに何を訴えようとしているのでしょうか？」「違和感から、どのようなメッセージを感じますか？」など様々なバリエーションがあります。クライアントの個性・雰囲気によって、クライアントから受け入れられやすそうな言葉を選択することが大切です。例えば、エクササイズなんて馬鹿馬鹿しいと思っている理屈っぽい男性には、アクセッシングをする前に、サイコエデュケーション的に「人の心理と身体の反応は直結しているので、違和感は抑圧されている感情を象徴していることが多い」などの説明をし、アクセッシングにおいては、「違和感が象徴しているものは、どのような感情なのでしょう？」といった問いかけをするのも良いでしょう。

私の場合、「身体感覚からの連想」や「アクセッシング」は、抑圧された感覚・感情へのアプローチの導入として適用しています。

また、特定の感情に直面するのがどうしても苦しくてできないクライアントには、無理に直面化のためのセラピーの方向付けはしません。その場合はクライアントが感情に直面するのを阻害しているスキーマや歪んだ信念を扱う認知行動的なアプローチ、マインドフルな状態になるためのアプローチなどを適用します。

(3) 身体反応と記憶

私のＣＩＩＳ留学時代の、身体反応にまつわる、印象的な出来事についてお話ししましょう。私は、当時「統合カウンセリング心理学専攻」という三年間のコースで勉強していました。授業は厳しく、積極的にディスカッションに参加しなければなりませんでした。四苦八苦でやっと二年目の後半まで来たとき、私は「カップルズ・セラピー」のクラスを履修したのです。インストラクターは、ＣＩＩＳの名物教授のひとりである、ジュディー・ヘスでした。この学期さえ乗り越えれば、あとは、実習先で一年間クライアントに対し、セラピーを行うことになる、そんな時期でした。

ジュディーのクラスは、実践を重視し、授業の中で、模擬セラピーを行う事を基本としています。模擬セラピーの中で、学生達が、セラピストとクライアントの役を演じます。クライアント役の時も大変なのですが、セラピスト役の時は、なおさら大変です。セラピスト役は、クライアント役がどんなテーマを模擬セラピーの場に持ってくるのかは、まったく知らされず、ぶっつけ本番で、みんなの前で模擬セラピーをやらなければならないのです。しかも、クライアント役の学生が実際に持っているテーマを扱うことになっているので、模擬セラピーとはいえ、とても緊迫したものになります。

私がセラピスト役としてみんなの前で模擬セラピーをする機会は二度ありました。セラピーセッションを三〇分ほど行い、クラスメイトからフィードバックを受けます。

最初に私がセラピスト役をやった時は、まったく上手くいきませんでした。カップルズ・セラピーにおいては、コ・セラピストシステム（セラピスト二人制）を採るのですが、パートナーとまったく呼吸が合わなかったのです。私のパートナーの男性のジョイは、とてもレスポンスが早いため、何か良いアイデアが浮かんでも、私はセッションの中に入っていけなかったのです。そのうちに、「なにか言わなければならない」という意識が強くなり、しまいには、頭の中がパニック状態になってしまいました。こうなると、もうダメで、まるで、私の方がクライアントみたいな感じになっていました。

模擬セラピーの後のジュディーと、クラスメイトからのフィードバックは、散々で、「落ち着きが無い」とか「自信が無さそうだ」とか「どっちがクライアントかセラピストか分からない」などという評価を受けました。まったく、みんな情け容赦ありません。

アメリカ人は、レスポンスが早く、どうも呼吸が合わないというのが上手くいかなかった理由なのだと私は考え、ジュディーに、次回はひとりでセラピストをやらせてほしいと申し入れました。数週間後に、再びセラピストの順番が回ってきて、今度は、ひとりでセラピストをやったのですが、今度こそと思ったのに、またまた、最低の出来でした。私の場合、「パートナーとのレスポンスの違い」だけではないようで、必要以上に緊張してしまっていることに気づきました。どうも、クラスメイトたちに見つめられていると考えただけで、体中が緊張してしまうのです。また、英語が上手く出てこなかったりしたら、もうそれでおしまいになってしまうのです。

授業の後、私は、ジュディーとアシスタントティーチャーのラムと話し合いました。ジュディーからは「あなたのセラピーは、実習のレベルに達していない」と、はっきりと言い渡されました。私は、絶望的な気持ちになりました。お金を貯めて、会社を辞めて留学したのに、実習に行けなければ、それがすべて無になってしまうのです。ジュディーは、そんな私に「こうして話していると英語も問題ないのに、どうして模擬セラピーの時は上手くいかないの？」と聞いてきました。その原因は、私にもよくわかりませんでした。ただ、人前に立つと必要以上に緊張することは、以前からありました。そのことを伝えると、ジュディーが

「みんなの前で模擬セラピーをしたときのことを思い出してみると、身体のどこかに違和感とか緊張はない?」と言うので、私は、息が詰まるような感じと心臓がドキドキして冷や汗が流れるような感覚を伝えました。ジュディーはその身体感覚に注意を向けて、同じような感覚になった過去の体験はないかと言います。ジュディーの指示に従って、私は目を瞑り、身体の反応に注意を向けました。そのとき、ふと浮かんだのが、私の子供の頃の体験です。

小学二年の時、クラスメイトのひとり、X君の靴が盗まれる事件がありました。ホームルームが開かれ、犯人探しが行われました。私は犯人ではないので、ホームルームなんて早く終わらないかと思っていました。しかし、どうやら、クラスメイトの多くが私を疑っているようなのです。それは、私とX君の家が近く、いつもいっしょにいること、そして、数日前に私とX君がけんかをしたことが、根拠になっているようでした。クラスのひとりが、先生に「数日前のけんか」のことを言ったからです。私は、先生ならわかってくれるだろうと思って、先生の方を見たのですが、そのとき、先生が言った言葉は「向後、正直に言ったら許してやるぞ」でした。私は、絶体絶命だと思いました。そして、やってもいない靴泥棒を告白し、靴は焼却炉で焼いたと説明しました。

あまりに昔の話なので、首を傾げながら、私がこの体験をジュディーとラムに話すと、なんと彼らが少し目を潤ませながら、真剣に聴いてくれていたのです。ジュディーは「それはとてもトラウマティックな体験なので、セラピーを受けてワークした方が良い」とアドバイスをくれました。そして、ジュディーは「三週間後のカップルズ・セラピーの最後の授業で、もう一度、あなたに模擬セラピーのチャンスをあげる」と言ってくれました。

ジュディーが私にしてくれたことは、⑴身体感覚、及び、そこから浮かんでくる感情に注目し、⑵それと同じような身体感覚や感情を感じた過去の体験を思い出すように促すというアプローチです。これは、非常に有効な手法です。身体感覚や感情は、記憶を辿る鍵になるのです。詳細な出来事は覚えていなくても、感覚や感情の記憶は、しっかりと身体に残っているのです。

その後、私は、集中的に週二回のセラピーを受けました。すると、そのときの体験がその後の私に大きな影響を与えてきたことがわかってきました。私は、中学卒業あたりまで、赤面症でした。みんなの前で、何か発言しなければならないときに、顔が真っ赤になってしまうのです。また、普段は大きな声なのですが、オフィシャルな場で発言しなければならないとき、蚊の鳴くような声にもなっていました。呼吸が浅くなり、呼吸困難になってしまったこともありました。今から思えば、過呼吸の一歩手前だったのではないかと思います。また、学校で事件があると、知らないうちに自分がやってしまったのではないかと不安になることもよくありました。これらは、靴泥棒事件の影響だと考えられました。また、私は、大人になってからも、一〇〇人とか二〇〇人の前で話すのは平気なのに、靴泥棒事件の時のホームルームという環境に似た二〇人～五〇人位の人の前では、どうも萎縮してしまっていたのです。つまり、学校という環境の中で、しかも、クラスメイトと先生の注目の中、模擬セラピーをするということは、私にとっては、自然と靴泥棒事件というトラウマティックな出来事の再現がされているような最悪の環境だったのです。

三週間経ち、いよいよ、最後のチャンスである模擬セラピーの時が来ました。時間になり、クライアント役の二人の学生を案内して「What brought you here?（どのようなご相談ですか？）」と最初の質問からセッションが始まりました。クライアントが持ってきたトピックは、予想していたものとまったく異なっていましたが、なんとかきりぬけて、三〇分のセラピーを終えました。

クラスメイトからのフィードバックは、ほとんどがポジティブなコメントでした。そして、最後にジュディーが「Great Improvement（大変な進歩ね）」とコメントしました。そして、「You are ready for practicum（もう実習の準備ができたみたいね）」と付け加えてくれました。

抑圧された感情の記憶の意味は、身体反応として残ります。しかし、その感情に気づき、受け入れることができたら、記憶の意味が変わります。以前の私は人を恐れていたのでしょう。特に人の顔が明らかにわかるような教室レベルの環境が最も苦手でした。小学校低学年の記憶は思い出したくないものでしたし、思い出そうとすると体中が緊張したものですが、今では、このときの体験を淡々と思い出すことができます。もはや思い出すのがつらい体験ではなくなったのです。そして、なによりも、人前が苦手ではなくなりました。この私自身の事例からもわかるように、身体反応として残ったトラウマティックな感情の記憶を辿ることにより、過去の重要な記憶が蘇ることがあるのです。

（４）過去の自分に出会う

特有の身体反応が過去の記憶と結びついている場合について、これまで述べてきましたが、ここでは、それをさらに深めていく手法についてお伝えしましょう。トラウマを受けた当時の自分自身に立ち返り、その頃の自分の気持ちを思い出すとともに、当時の自分自身を俯瞰的に見つめ、受け入れていく手法です。

身体の反応が特定の記憶に結び付いていることが明らかになったら、まず、クライアントにそのときの状況を思い出してもらい、語ってもらいます。セラピストは、クライアントの物語をビジュアルとして思い浮かべながら、間主観的な場を作っていきます。ここで、さらに身体反応が出てくることがありますから、その場合には、アクセッシングなどの手法を使うとよいでしょう。すると、クライアントは、これまで表現してこなかったさまざまな感情を表出させるかもしれません。クライアントが、自分の感情を表現し始めたら、もうセラピストが能動的に介入する必要はほとんどなくなります。セラピストはじっとそこに寄り添うのです。吉福伸逸の言葉によれば、「プロセスが、その人を、その人にとって、もっともよい場所に連れて行ってくれる」のです。

クライアントが、自分が心に傷を受けた体験を思い出し、十分に自分の気持ちを表現することができたら、その後に、クライアントが落ち着くのを待って、次のようなエクササイズをすることがあります。


まず、クライアントにマインドフルな状態になるように、目を瞑って、ゆっくりした呼吸をしてもらいます。その後、次のように呼びかけます。

セラピストは、「○△さんの眼の前に、映画のスクリーンがあったとします。そこに先ほどお話いただいた場面が映っています。○歳の○△さんは、その時どんな表情をしていますか？」「その情景を見て、どのような気持ちが浮かびますか？」という問いかけをします。さらに「○○歳の○△さんに、なにか言葉をかけるとしたら、どんな言葉をかけたいですか？どんなことをしてあげたいですか？」と続けても良いでしょう。クライアントが、かけたい言葉やしてあげたいことを見つけたら、それをイメージの中で行ってもらいます。そのあとは、およそ次のようなやり取りをして、エクササイズは終了します。

セラピスト：「○歳の○△さんは、どんな表情をしていますか？」

クライアントが答える。

セラピスト：「○歳の○△さんに、お別れを言ってください。その時、『いつでも、会いに来るからね』と言ってあげても良いかもしれません」

クライアントが、実際に、あるいは心の中で過去の自分に話しかける。

セラピスト：「準備ができたら、ゆっくりと目を開けてください」

その後、エクササイズを通して感じたことや、気づいたことなどについて、セラピストとクライアントが話し合います。

このエクササイズの中で、クライアントは、過去の自分をノンジャッジメンタルに俯瞰的に眺めることができます。先に話した、私自身が留学時代にカップルズセラピーのクラスでつまづいた時にかかったセラピストが、これに近いアプローチをしてくれました。俯瞰的に当時の自分自身を眺めてみると、クラス中と担任の先生から疑われてしまうという絶体絶命の場では、やってもいない罪を告白してその場をやり過ごすのが、小学二年の私が考えうる最善の手だったのだろうということが理解できました。こうして、私は、小学二年のときのトラウマティックな体験の意味をリフレーミングすることができたのです。

(5) グラウンディング、そして、拮抗する力

あらゆるセラピー手法は、クライアントのアクティングアウトの引き金になり得ます。同じテーマに関する記憶はぶどうの房のような形で蓄積しているとも言われています。ひとつの記憶にアクセスしたら、その体験に関する房のすべての記憶と繋がっていると考えたら良いでしょう。ですから、表面的には、なんということもない記憶も、奥底では激しい衝動的な怒りを伴う感情につながっているということもあり得るわけです。不用意にそうした激しい記憶に触れると、クライアントはアクティングアウトを起こします。すなわち、感情の爆発です。アクティングアウトについては、「思考のレベル」へのアプローチよりも「情動のレベル」へのアプローチの方がより起こりやすいと考えたほうが良いでしょう。「思考のレベル」へのアプローチでは、クライアントの「思考の力」の働きがあるので、セラピストはクライアントの衝動行動を予測し、回避しやすいのです。しかし、「情動のレベル」に直接アプローチする場合には、セラピーのプロセスの進行が早く、また、論理的に危険を予知し、対応するというクライアント自身の「思考の力」をバイパスしていますから、次に何が起こるのかセラピストも予測しにくいということがあります。特に身体感覚に直接ソマティック的にアプローチする場合、アクティングアウトを正確に予想することは難しいと考えたほうが良いでしょう。

つまり、セラピストはあらかじめ、アクティングアウトに対し備えておかなければならないのです。アクティングアウトへの備えとしては、アクティングアウトの前兆を捉えることができることと、いざアクティングアウトが起こった場合、それに対処できることです。

まずは、アクティングアウトの前兆から、実際のアクティングアウトまでの流れを、怒りの場合を例にして見ていきましょう。アクティングアウトの直前には、さまざまな身体反応があります。彼らは、激しい怒り、屈辱感、焦燥感などの感情を最初は強く抑えています。その際、多くの場合、やや下を向き、前かがみで、肩が前に出てくるという、いわゆる卵型と言われる姿勢になります。上半身に力が入り、全体的に身体が震えていることもあります。また、顔は上気し、赤くなっていることも少なくありません。こうして、激しい感情を全身で抑えているのです。

やがて、手の指が妙な動きを始めます。例えば、手のひらを上に向け、野球のボールを握るような形を作る、指が全て上に向いて剣山のようになっている、拳を握るなどのパターンなどがあります。この時点では、全ての感情が怒りに転化し始めています。

次に、彼らは、突然顔をあげて、セラピストを睨みます。そして、身体的暴力を振るう場合には、視線があった途端、ほとんどの場合、きき腕のフックないしは回転系の蹴りになります。このパンチはジャブでもストレートでもアッパーでもありません。この理由は、おそらく、卵型の姿勢をとっているうちに、腕の内側の筋肉が収縮し、最もフックが自然に出やすい状態になっているからなのでしょう。そして、アクティングアウトの時は、冷静さを失っていますから、無意識のうちにきき腕のパンチになるのでしょう。身体的暴力でない場合には、机を激しく叩くなど物にあたるかもしれませんし、激しい罵声を発するかもしれませんし、泣き叫ぶかもしれません。

強い抑圧とそれに伴う身体反応（卵型の姿勢など）から、抑圧しきれなくなる段階（体が震える、指先が妙な動きをするなど）を経て、アクティングアウトに至るのです。セラピストは、このプロセスを知っておくべきです。

クライアントが暴力的で身体的暴力を振るう可能性がある時には、少なくとも抑圧しきれなくなる段階では、その後の対処を決めておく必要があります。すなわち、落ち着く方法をクライアントに伝えるのか、暴力にまで進んだ時に（仲間の力を借りて）押さえ込むのか、逃げるのかということです。アメリカの大学院やカウンセリングセンターでは、学生や実習生に護身術を教えるところもあります。また、セラピストは、かならずドアの近くに座るようにし、クライアントが暴力的になったら逃げるルートを確保しています。そして、多くのカウンセリング施設では、クライアントが暴力的になった時、緊急ブザーを鳴らすなど、事務所に助けを呼ぶ手順を定めています。

逃げる場合ですが、なるべく早いほうがよいでしょう。暴力的なクライアントが下を向いて震えだしたら、なんらかの理由をつけて逃げるようにするのも手です。

クライアントを身体的に押さえ込むのは、最終手段です。その前に、クライアントを落ち着かせるアプローチをして、それが無理な場合に押さえ込むのです。その際、セラピストやスタッフは、呼吸を乱さず、ゆっくりとした呼吸を続け、しっかりとクライアントを見ていることが大切です。押さえ込むときは、最初は全力で抑えなければならないかもしれませんが、まわりが落ち着いて対処すれば、クライアントの抵抗は次第に弱くなっていきます。抵抗が弱くなってきたら、押さえる側の力も緩めていきます。落ち着いたら、なにがあったのか、クライアントと振り返るのもいいでしょう。実際にこうした対応をすることはめったにありません。

クライアントを押さえつける場合、もし、セラピストやスタッフが不安で呼吸が荒かったり早すぎたりした場合、そして、逆にセラピストやスタッフの側がうろたえてクライアントに罵声を浴びせてしまったりしたら逆効果です。それはクライアントのアクティングアウトに燃料をあげるようなものです。クライアントは、ますます抵抗しようとします。

こうした対処をしなければならないケースは、例えば、長年ひきこもった上で家庭内暴力を起こしているケースや、激しい妄想や幻覚のある統合失調症のケース、境界性人格障害、反社会性人格障害のセラピーなどでも起こり得ます。

さて、次は、アクティングアウトしたクライアントを「自力で」もとの落ち着いた状態に戻す方法です。それは、「ただ寄り添う」ことです。クライアントを観察しながら、セラピストは、落ち着いたゆっくりした呼吸を続け、そのゆっくりした呼吸をクライアントに伝えるような気持ちになるとよいでしょう。クライアントの表情や筋肉の動きは、徐々に変化していきます。アクティングアウトのピークの時、クライアントはセラピストと視線を合わせない、あるいは、視線が合っていても焦点が合っていないです。けれども、落ち着いてくると、次第にセラピストと目を合わせるようになってきます。そのときがチャンスです。セラピストが落ち着いて「足をしっかり地面につけて、ゆっくり呼吸してごらん」などと語りかけるのです。そうなると、クライアントはセラピストとしっかり視線を合わすようになります。セラピストは「そう、その調子」などと、クライアントを励まします。やがて、クライアントが落ち着いたら、少しの間、休んでもらい、準備ができたら、いま起きた出来事を振り返ります。ここで、セラピストが、アクティングアウトについて、良いか悪いかなどとジャッジしても意味がありません。今回のアクティングアウトから何を学ぶかについて話し合うのです。なにか気づくことがあれば、一歩前進です。

また、アクティングアウト傾向があるクライアントには、普段から、アクティングアウトを沈静化させる呼吸法を教えておくのも良いでしょう。以下の呼吸法はグラウンディングというものです。

① 両足をしっかり地面につける。

②顔を上げる。
③肩の力を抜く。
④できるだけ、ゆっくりとした、深い呼吸をするように心がける。鼻から吸い、口から吐き出す。
⑤周りを見回す。

足の裏の感覚、手の指先の感覚が感じられれば、落ち着きが戻ってきていると言えます。ソマティックな手法で実際にクライアントの身体に触れるようなアプローチの場合、クライアントには、上記のようなグラウンディングの方法をマスターしてもらうことも大切です。

次に、吉福伸逸による、クライアントの身体反応に直接アプローチする手法を紹介します。吉福が強調していたのは、「拮抗する力[3]」という概念です。クライアントは、セラピーセッション中に、様々な身体反応を示します。しきりに口元に触れる、胃のあたりを触りながら顔をしかめる、喉を押さえる仕草をする、肩を揉むなどです。このようなクライアントに特徴的な身体反応が見られた時、セラピストは、その身体反応と拮抗する力よりほんの少し強い力で、反応を起こしている部分に刺激を与えます。例えば、クライアントが、特定の人のことを話すときに顔は笑っているのに、しきりに腹部を押さえる仕草をしたとします。そうした仕草をするのは、クライアントも気づいていないなんらかの抑圧された感情があるからかもしれません。セラピストは、クライアントに話題になっている人について、さらに語ってもらいます。クライアントが笑みを浮かべながら「彼はいい人です。いろいろ助けてくれました」などと言いながら、以前より頻繁に腹部を押さえたとします。ここでセラピストがクライアントの腹部に手を当てます。このような場合、腹部には、微妙な脈動のような動きが見られることが少なくありません。もちろん、セラピストがクライアントの身体に直接触れるようなセラピーの場合、あらかじめクライアントに許可を得ておかなければなりません。

当てた手の力を少しずつ強くしていくと、クライアントの身体反応が最も強くなる力加減が見つかります。これが拮抗する力です。セラピストは、この力よりほんの少し強い力を加えます。動き始めたクライアントの身体反応は、セラピストのほんの少し強くなった力に対抗しようとして、より強い反応になっていきます。その反応に合わせ、セラピストは拮抗する力プラスアルファの力を加えていき、反応が十分明確になったところで、その力をキープします。腹部であれば、外からもはっきりわかるような動きになることも少なくありません。これが、吉福さんの言う、拡大・強調・促進のプロセスです。

そうした状態になると、抑圧された感情が表面化してきます。クライアントには、表出した感情を声に出してもらいます。このような感情の激しい表出は、数回あるのが普通です。感情の表出の瞬間に、クライアントの身体反応が最も強くなりますが、感情が十分に表出されると身体反応は沈静化していきます。セラピストは、クライアントの身体反応の強さに合わせて、力を抜いていきます。

クライアントが十分に落ち着いたら、今起こったことを共に振り返ります。そうして、クライアントは、抑圧してきた強い感情に気づき、受け入れることができます。受け入れることができるのには、セラピスト（グループワークの時は参加者を含む）が、表出されたクライアントの感情を無条件に肯定的に受け入れることも寄与します。クライアントは、自分の感情が否定されるべきものでも、批判されるべきものでもなく、誰もが持ちうる自然な感情であることを知るのです。

こうした直接、身体的にアプローチする手法は、とてもセラピー効果があります。ただ、気をつけなければならない点がいくつかあります。

ひとつは、すでにお伝えしているように、アクティングアウトの引き金になる可能性があることです。これについては、アクティングアウトに対する対応法をセラピストがマスターしておくことで、対処できます。

次に気をつけなければならないのが、表出された感情がクライアントの真のテーマから目をそらすための防衛に使われてしまう場合です。抑圧された感情は表現する必要があるのですが、表現したあと、その経験を自分に都合よく解釈してしまう場合があるのです。例えば、自分の怒りが受け入れられた経験を、自分の暴力的言動のエクスキューズに利用することがあります。あるいは、自分の辛かった人生を受け入れるのは良いとしても、自分が被害者の立場であることを盾にして動こうとしない場合もあります。そうした場合には、身体に直接介入するアプローチは中止します。このような防衛が起きている場合、プロセスは自己成長の方向からずれていき、退行に向かうこともあるからです。防衛的反応により、自分が取り組むべきテーマから目をそらすからです。この場合は、自分の状況を俯瞰的にみる必要があるので、多くは「思考のレベル」のレベルのアプローチへ切り替えます。

この項の最後に、身体反応と、その反応に対応する感情の一覧表を示します。ただ、例外もありますので、この表を絶対視してしまうのは危険です。あくまで参考程度に利用していただきたいと思います。

表1　感情とそれに伴う身体反応

感情	感情に伴う身体反応
怒り	首、肩、腕の緊張。胃の痛み。顎に力が入る。頬がひきつる。拳を握る。指先に力が入る。
悲しみ	涙目。心臓のあたりの空虚感。喉が締め付けられる感じ。胸が苦しい。
淋しさ	胃のあたりの空虚感。肩を落とす。胸のあたりが重たい感じ。

嫌悪　吐気。胃の不快感。しかめっ面をする。頬のひきつりやチック。
不安[*1]　呼吸が浅く、速くなる。震え。視点が定まらない。肩、首が緊張する。微笑もうとする。下半身に力が入らない。
恐怖[*1]　心拍数の増加。震え。目を見開く。息が止まる、あるいは止まりそうになる。肩、首が緊張する。下半身に力が入らない。動けなくなる。
焦り　呼吸が荒く、速くなる。心臓がドキドキする。肩に力が入る。
羞恥心　顔、身体が熱くなる。肩がすぼまる。呼吸が浅く、速くなる。
希望　胸のあたりが暖かくなる感じ。身体の奥からエネルギーがわきあがってくる感じ。心臓がドキドキする。
幸せ　ゆっくりとした深い呼吸。緊張が無くなる。全体的に暖かい感じ。

＊１　不安は、恐怖を感じさせることがまだ起こっていないが、恐怖を予測し怯えている状態。恐怖は、実際に恐ろしいことが起こった瞬間の感情。
☆　表１は、ロスチャイルド，Ｂ著、「ＰＴＳＤとトラウマの心理療法　心身統合アプローチの理論と実践[(4)]」を、一部参考として作成した。

2. 感情に直接アプローチする

（1）EFTの基本的な考え方

近年、欧米では、EFT（エモーション・フォーカスト・セラピー）が、注目を集めています。従来の臨床心理学の諸理論では、体験を歪めて理解する、体験から想起される感情が抑圧されることによって、機能不全が起こるとしていましたが、EFTでは、体験を受け入れないことだけが問題を起こすのではなく、体験に対し、不適応な感情反応が問題を引き起こすと考えています[5]。

例えば、「ほめられたらうれしい」、「久しぶりに仲の良い友達に会ったら懐かしい」などは、自然な反応であり、一次適応感情と呼ばれます。しかし、「ほめられても不安になる」、「久しぶりに仲の良い友達に会ったのに避けたくなる」などは、ストレートな反応ではなく不自然なので、一次不適応感情と考えられます。一次適応感情にも一次不適応感情にも、その反応に派生する二次反応感情が起こります。例えば、「ほめられたらうれしい」のあとは、「うれしいのでがんばろう」と考え、「うきうきした気分」という二次反応感情になるかもしれませんし、「ほめられても不安になる」場合は、「こんなにうじうじした性格のオレはだめだ」と考え、「抑うつ的な気分」という二次反応感情になるかもしれません。

あるいは、「ほめられても不安になる」人の中には、「常にほめられていなければ、不安が解消しない」と感じ、相手を支配し服従させるための攻撃的な感情になる場合もありえます。このような、他人に影響を与えたり、他人を操作するために表される感情は、道具感情（Instrumental Emotions）と呼ばれます。

二次反応感情は、思考を媒体とした感情で、認知行動療法でいう自動思考などによる働きが影響します。

同じ体験なのに、これほどの差が出てくるのは、EFTの考えでは、感情スキーマと呼ばれる心的構造体が影響しています。感情スキーマは、状況がどのように解釈されたか、個人の感情がどのような影響を受けたかの両方を表すもので、感情・動機・認知・行動といった要素を統合していています。感情スキーマは、感情を柔軟で適応的なものにもしますし、不適応なものにもします。[4]

EFTでは、共感をベースとして、セラピストがクライアントの感情を理解、探索、推察しながら、湧き上がってきている感情を明確にしていきます。例えば、かつていじめを受けた二十代の男性クライアントの場合、以下のような展開になります。

クライアント：「人混みの中に行くのが嫌いなのです」

セラピスト：「○○さんは、人混みが嫌いなのですね」……共感的理解

「人混みのどんなところが、嫌なのですか?」……共感的探索
クライアント：「そうですね、思い過ごしなのはわかっているのですが、人から見られていると思ってしまうと、怖くて逃げ出したくなるのです」
セラピスト：「しかし、○○さんの場合、逃げ出したくなるほどの強い恐怖を感じてしまうわけですね?」……共感的理解
「○○さんは、どんな人から見られているときに、最も怖いと感じますか?」……共感的探索
クライアント：「若い人たちの視線が怖いです」
セラピスト：「若い人たちというと、何歳ぐらいの人たちですか?」……共感的探索
クライアント：「中学生から高校生ぐらいでしょうか」
セラピスト：「以前、○○さんは、お父さんの転勤で中学を転校することになったとおっしゃっていましたが、転校した時に感じた気持ちと、若い人たちの視線が気になる感覚と似ているところはありますか?」……共感的推察

このように、共感的理解、共感的探索、共感的推察を繰り返すことにより、クライアントの心象風景が明らかになっていきます。また、この際に、以前お伝えしたように、クライア

ントが話していることをビジュアルに思い浮かべるとよいでしょう。

このようなやり取りの中で、感情スキーマが次第に明らかになってきます。このクライアントの場合、かつて転校時にいじめを受けた経験から、人が多いところに行くと自分が非難されるのではないかという不安を感じてしまうという感情スキーマがあるのでしょう。

私の場合、こうした感情スキーマが明らかになってきたら、サイコエデュケーションを絡めながら、他の感情も探してみます。前述の事例で、中学で転校したときに受けたいじめに話題が展開していった場合、例えば、以下のようなやり取りになります。

セラピスト：「五人ぐらいのクラスメイトがいじめの中心だったのですね？」

クライアント：「はい、そうです」

セラピスト：「その五人を思い出すと、どんな気持ちがしますか？」……共感的探索

クライアント：「怖いです。今でも、思い出すだけで、怖いです」

セラピスト：「あれだけのことがあったのですから、怖いのは当然です」……共感的理解

「ここで、さらに、恐怖以外の感情も探して見ましょう。人は、一つの出来事に対して、最低三つの感情を浮かべると言われています」……サイコエデュケーション

「恐怖は、最も表面にある感情なのでしょう。その恐怖の奥には、どのような感情があるのでしょう」……共感的探索

クライアント：「……（沈黙の後）……怒りと、それから悔しさを感じます。それから、かつてのクラスメイトと別れることになってしまった悲しさを感じます」

もし、クライアントが奥底にある感情を見つけることが難しいようであれば、アクセッシングなどのソマティック的なアプローチを導入してもよいでしょう。それでも、困難な場合には、それ以上は深追いしないことです。セラピーでは、あくまでクライアントのペースを尊重することが大切なのです。

クライアントが奥底にある感情に気づくことができたら、セラピストは必要に応じて、クライアントがこれまで表現してこなかった感情を、表現する方向へ促します。

（2）デスマスクのワークと見つめるワーク

人は、非自我極で生まれた感情をそのまま表現するわけではありません。世界に受け入れられないような感情を抑圧することもあれば、感情スキーマの働きによって不適応な感情表現に変質させてしまうこともあります。

抑圧が起こったり、感情スキーマが働いて不適応な感情に変質していく時、必ず何らかの身体反応が起こります。表情がこわばる、首や肩に力が入る、心臓がどきどきする、胃が痛むなどです。そうした反応は、静かな場所でゆっくりと呼吸し、マインドフルな状態になることによって、リセットすることができます。以前にお伝えしたグラウンディングなどもひとつの方法です。

しかし、そうした方法でもなかなかリセットすることができないのが、顔の表情なのです。顔は、様々な筋肉が絡み合い複雑な動きをします。そして、その動きは普段ほとんど意識されることはありません。抑圧や感情スキーマに伴う顔の表情の反応に気づくことができ、それをリセットすることができるようになれば、生の感情をそのまま体験することが可能になります。以下にご紹介するのは、吉福伸逸がワークショップの中でよくやっていた「デスマスクのワーク」と呼ばれていた、顔になんの緊張もない状態を再現するワークです。

このワークは、一対一でもできますが、大抵はグループワークの中で三〜四人ひと組になって行います。一人が他の人たちの前で目を瞑り、顔の力を抜いていき、残りの人たちはそれを観察し、緊張している部分にそっと手を触れるというものです。多くの場合、目元と口元の緊張を取るのが難しいものです。

顔の緊張を緩めようとしている人は、他人から見られているのですから、逆に緊張してしまうかもしれません。そこで、普段の緊張場面が強調されるのです。例えば、緊張場面で笑ってしまうという感情スキーマを持つ人は、無意識のうちにどうしても口角が上がり笑顔になろうとするかもしれません。そんな中で緊張を緩めるのは、難しいかもしれません。できなくても、緊張場面で顔のどの部分にどんな反応があるのかを知ることは、自分自身を知る良い機会になります。

なにしろ、人前で、何の緊張感のない一見だらしない顔をするのですから、最初は戸惑いますが、何度もやっているうちにできるようになるものです。また、グループワークとしてやるときには、皆さん楽しんでくれます。それができるようになると、普段の生活の中で抑圧や感情スキーマを、瞬時にリセットすることができるようになります。

次に、その全く逆のワークをご紹介しましょう。ただ見つめ合うワークです。二人一組になって、向かい合って、お互い見つめ合いながら、一定時間何も喋らずにただ見つめ合うのです。そうすると、いろいろな反応が起こり、いろいろな感情が浮かび上がってきます。その湧き上がってくる感情をただただ見つめるのです。

これも単純ですが、なかなか難しいワークです。そもそも、普段の生活の中で、しっかり目と目を合わすということは少ないかもしれません。しかも何も話さないとなるとごまかしがきかなくなります。このごまかしの効かない不安な状態の中にただ居ると、普段自分がどのような防衛をしようとするのかがよくわかりますし、様々な感情が常に動いていることに気づくことができるようになります。つまり、自分の感情を俯瞰することができるようになるのです。

(3) 怒りを俯瞰する

人には、それぞれ表現しにくい感情があり、さらには、気づくことさえできない感情がある場合もあります。例えば、激しい怒り、救いを求める気持ち、自分の要求をどうしても通したいという気持ちなど、個人差はあるものの、そうした感情を表現するのが苦手な人もいると思います。小学校の低学年あたりまでは、自然に表現していたこれらの感情は、文化や社会規範からの規制を受け、次第に抑圧されるようになります。中には、人生の中で一度も十分に感じた記憶のない感情もあるかもしれません。

これらの苦手な感情にあえてアクセスし、表現するというエクササイズを、吉福伸逸は、セラピスト向けのワークショップの中で度々行なっていました。その中で、最も多くの人が苦手だったのは、「怒り」を扱うエクササイズです。激しい怒りを人前で表現するという機会は、通常はありません。また、激しい怒りは、たいていの場合、歓迎される感情ではありません。しかし、だからと言って、そうした激しい怒りの感情がないわけではないのです。表現されない激しい怒りは、自分に向かい、その結果がうつになる場合もあります。怒りは必要な感情です。危機的状況を突破するとき、理不尽な欲求にNoと言うとき、怒りの感情が有効に働いています。また、怒りの感情を認識することが、うつから抜け出すきっかけになることにもなりえます。

怒りが不適切に表現される場合もあります。それは、いわゆる「キレる」という状態です。キレる状態とは、不安の反応です。例えば、見捨てられるのではないかという不安が、耐えられないほど大きくなったときに、その不安が怒りという形に転化してしまっているのです。その状態は、怒りの炎の中に飲み込まれてしまったような状態と言えます。そこには、冷静に自分を俯瞰するという意識もなく、そのため、怒りのエネルギーはとどまるところを知りません。その結果、激しい暴力にまで発展してしまうこともあるのです。

もし、自分の怒りを俯瞰的に見ることができたら、どうなるでしょうか？　吉福伸逸は、「自分の怒りを覚醒して俯瞰的に見ることができたら、そのエネルギーを一〇〇％利用しながら、しかも冷静でいることができ、怒る必要がなくなったら、即座に平常の状態に戻ることができる」と言います。自分自身の心の動きを見つめ、相手の様子も冷静に捉えることができるからです。

吉福伸逸の行っていた「怒りに焦点を当てたエクササイズ」の中に、「『どけ』のワーク」というものがあります。これは、とてもハードなエクササイズです。まず、三人一組になり、ひとりが怒りを表現する役（A）、ひとりが怒りを受ける役（B）、もうひとりがオブザーバー（C）となります。Bは、椅子に坐り、Aは、Bを椅子からどかそうとするというエクササイズです。もちろん力づくはNGです。言葉や表情や身振りなどで、自分の怒りを表現するのです。Aの怒りを、ごまかしのない本物の怒りだと感じたら、Bは、席を立つというものです。Cは、そのやりとりを観察する役目ですが、もし、Bが中途半端に妥協して席を立とうとしたら、もう一度座らせる役です。

このエクササイズが始まると、Aの役になった人は、最初は、戸惑い、照れてしまい、なかなか怒りを表現できません。中には、笑いながら怒る人もでてきます。しかし、次第に、過去に自分が本当に悔しかった場面、辛かった場面、理不尽な目にあった場面などが思い出され、それが怒りに結びついていきます。そうなると、目の前に座っているBが本当に邪魔な存在に見えてきます。そのとき、Aは本気で「どけ！」と言うことができます。本気を感じたら、Bは席を立ち、おちついたところで、その経験をシェアしてエクササイズは終わります。このエクササイズは、一時間以上かかる場合がありますので、三人がすべての役割を行って終了するまでに三時間程度の時間が必要です。

このエクササイズの目的は、自分の怒りを見るというものです。これまでの人生で、怒りを発した記憶のない人にとっては、自分の怒りを表現することには大きな意味があります。自分のエネルギーの強さを認識することになるからです。そして、怒りそのものは、否定されるべき感情ではないということを理解することができます。

また、怒りを受ける側も観察する側も、エクササイズの中で、他者の怒りを共感的に自分の怒りであるかのように感じるので、俯瞰的に怒りを見ることになります。怒りを俯瞰的に見た場合、その怒りが自己一致したものであるのであれば、怒りそのものからは不快な感じは受けないものです。むしろ、怒りだけではなく、その背景にある寂しさ、哀しさ、孤独、悔しさといった感情も含めて、共感的になります。さらに、このエクササイズの体験を三人がそれぞれシェアすることによって、怒りの意味をより深く理解することができるようになります。

こうしたエクササイズは、かなり強力なものです。中には、過去のトラウマ体験が呼び起こされ、コントロールを失ってしまうと感じる人もいるかもしれません。そうした人たちは、参加しなくても構わないし、その場を離れても良いということをあらかじめ伝えておくのが良いでしょう。参加しなくても、その場にいなくても、全体で経験をシェアする場にいるだけでも、怒りに対する概念が変わるでしょう。

「『どけ』のワーク」は、非常に強力なエクササイズなので、ソマティック的なアプローチの拮抗する力でお伝えしたのと同様、アクティングアウトへの対応を十分にマスターしておく必要があります。そして、表出された怒りの感情がクライアントの真のテーマから目をそらすための防衛に使われているのかどうかを見極める必要があります。

この「『どけ』のワーク」は、そのままで終わらずに、「無条件の愛のワーク」と組み合わせられることが多いです。このワークについては、次にお伝えします。

（４）無条件の愛を経験する

怒りと正反対の感情ですが、無条件の愛、あるいは無条件の肯定的受容という感情も、日常生活の中では、めったに体験できるものではありません。世界はジャッジメントばかりです。資産、学歴、偏差値、地位、容姿、人気、所属する組織の大きさ、人種、語学力、あらゆる項目で、人々はジャッジされ選別され差別されることがあります。おそらく、多くの人たちは生まれてから暫くの間、無条件の愛をまわりの人たちから受けてきたのだろうと思います。しかし、そんな幸せな日々は長くは続きません。特に今の子供達は大変です。早いところでは、幼稚園受験で選別され、英語・水泳・サッカー・ピアノ・お習字などありとあらゆる習い事をさせられ、小学校三年からは中学受験のための準備が始まり、受験で選別され、めでたく受かったとしても、同級生たちとの熾烈な競争が待っているのです。その後も大学受験、就職、結婚、昇進などなど、永遠と競争が続いていきます。彼らは、常に、比較され評価され、評価が高ければ愛されるという環境の中にいるのです。「〇〇だから」という条件でしか愛されないと、人は、他者からの評価に執着し、自分の気持より、他者からの欲求に従おうとするのです。この結果、人は、自尊心を次第に失っていきます。

このような社会の中で忘れていた「無条件の愛」に再会するエクササイズが、吉福伸逸のやっていた「無条件の愛のワーク」と呼ばれるものです。

進め方は、「『どけ』のワーク」とほぼ同じです。グループで行うエクササイズで、三人一組となり、ひとり（A）が無条件の愛を与える役、ひとり（B）が無条件の愛を受ける役、残る一人（C）は、オブザーバーとなります。このエクササイズは、基本的にみんな立って行います。Aは、無言でBに無条件の愛を表現します。Bが本当に心から無条件の愛を感じたら、AとハグしてÉ終了というものです。Cは、「『どけ』のワーク」と同様、けっしてAとBが妥協しないように、必要に応じて介入します。

このエクササイズも、ひとり一時間以上かかることもあります。その間、じっとお互いを見つめ合っているわけですから大変です。最初のうちは、満面の笑みをたたえて身振り手振りを加えながら、Aは「無条件の愛」を表現しようとするのですが、どうしても本気になれないという状態が続きます。なにをやってもダメ、なにをやっても通じないという状態にAが陥ると、ついBは妥協してハグに行こうとしてしまうのですけれど、そこは、CがOKでなければ、仕切り直しになります。また、先にエクササイズが終わった人たちは、部屋の中を歩き回り、C役の人たちのお目付け役になります。Cが妥協しようとすると、歩きまわっているお目付け役が止めに入るのです。このため、Aには、益々プレッシャーがかかります。Bも、Aに対して申し訳ないという気持ちが沸き上がってきます。でも、CやCのお目付け役である通行人たちが妥協を許してくれないのです。そのように限界まで追いつめられたとき、AとBは普段の生活で使っているペルソナをすべて捨てるときが来るのです。そのときに間主観的な場ができあがり、ＡとＢとの境界がなくなり、お互いがお互いの気持を無条件に受け入れる瞬間が訪れます。ＡはＢのことを無条件に愛おしく大切な人に感じ、ＢはＡの気持ちを受け入れ、ハグとなり、その後、経験をシェアしてエクササイズは終了となります。

無条件の愛を与え受け入れるとき、Ａ、Ｂ、Ｃすべての人の「存在の力」が、何の防衛もせずに自然に働く状態になります。この自然に働く力が、「ダンスの力」です。

このエクササイズも、やはり強力です。なかなか無条件の愛が表現できない人も少なくありません。どうしてもできない人はそれでもいいのです。それでも、自分の心のプロセスに気づくことができるでしょう。自動思考に気づくかもしれませんし、自我防衛機制に気づくかもしれませんし、感情スキーマに気づくかもしれません。

ひねくれものの私にとっては、これも難しいエクササイズでした。「無条件の愛なんてあるわけないじゃないか！」、「無条件の愛なんていらないよ！」という気持ちがありました。しかし、それが、ある瞬間に、すっと消えるのです。それは、とても不思議な、それでいて、懐かしい感覚でした。

吉福伸逸のワークの感情に直接アプローチするエクササイズには、他にもいくつかありますので、簡単に紹介しましょう。

・「『自己愛』のワーク」：三人一組になり、Aが自分自身に無条件の愛を向ける、BもAに無条件の愛を感じたらハグ。Cはオブザーバー。
・「『たすけて』のワーク」：三人一組になり、AがBに向かい、両手を肩の位置まであげて「助けて」と言う。Bは、Aが本気で「助けて」と言っていると感じたらハグ。Cはオブザーバー。

これ以外にもまだまだバリエーションがあります。こうした一連のエクササイズのコツは、決して妥協しないことです。三人三様に自分をごまかさない、Authenticな姿勢が必要なのです。こうしたエクササイズによって、「存在の力」が次第に鍛えられていきます。従って、セラピストになろうとしている人たちやすでにセラピーを行っている人たちは、受けておくと、役に立つワークです。

3. 直感を利用する

（1）イメージの力

私がある施設で電話相談をしていたときのことです。ひとりの男性（Jさん）から電話がかかってきました。その男性とは、それまで何度かお話を聴いていて、抑うつ傾向があったので、私の方からは、心療内科への受診を勧めていた人でした。私が電話に出ると、彼はいきなり「先生ありがとうございました。先生にはお世話になりました。しかし、私はもうだめです」と言います。ただならぬ雰囲気を感じましたので、いまどういう状態なのかとＪさんにお聞きすると、彼はこれから首を吊って死のうと思い、ロープを首にかけた状態で私に電話をしてきたのです。

事情を聴くと、どうやら、その数日前に奥さんとの離婚が正式に成立したこともあって、Ｊさんが絶望的な気持ちになったようです。私は、なんとかＪさんに気持ちを変えてもらおうとしたのですが、うまくいきません。電話を切られたらおしまいだと思ったので、とにかく話をつなげていきました。しかし、彼の決意は固く、私は途方にくれました。

そのとき、私は、彼に自分の右手で両目を隠してもらうようにお願いしました。そうすると、彼には周りが何も見えなくなります。そして、ゆっくりした呼吸をキープしてもらい、右手を少しずつ離してもらうのです。手を離すと、いろいろなものが見えてきます。私は、彼に何が見えてくるのかを尋ねました。Ｊさんは、何かが見えるたびに「テーブルとソファが見えます」、「テレビが見えます」などと答えてくれました。

そのちょっとしたエクササイズをした後、私は、彼に次のような説明をしました。

「目の前に右手があった時、何も見えませんでしたね？　それが、今のJさんの状態なのです。そして、手を離していったら、ソファやテレビなどいろいろなものが見えてきましたね？何も見えないと思っていたのに、実はいろいろなものがJさんの周りにある。それが現実なのです。いっしょに『いろいろなもの』を探してみませんか？」

Jさんは、少し考えた様子でした。正直、私は、Jさんのモードが変わり、死ぬのをあきらめてくれるのではないかと期待しました。しかし、彼は言いました。

「先生ありがとうございます。先生のおっしゃる通りなのかもしれません。でも、私は、もう疲れたのです。」

私の口から、そのとき、とっさに出てきたのが、「もう一度、別のエクササイズをためしていただけませんか？」という言葉です。

私は、Jさんに、椅子の上に立ったまま、ロープを巻き付けたままで、イメージワークをしてもらったのです。椅子の上に立って目を瞑るのですから、バランスを崩したら大変なことになってしまうのですが、私には、その方法しか思いつかなかったのです。以下にそのワークの流れを示します。

私：「それでは、目を閉じてゆっくりした呼吸を続けてください」

Ｊさんが、鼻から吸って口から吐くゆっくりした呼吸を続けているのが電話口でわかります。

私：「先ほどと、同じように目の前が右手でふさがれているとイメージしてください。イメージできましたか？」

Ｊさん：「はい、できました」

私：「それでは、右手を少しずつ少しずつ離していってください。」……少し間をおいて……「だんだん、まわりが見えてきます。右手が十分に離れたとき、何が見えますか？」

Ｊさん：しばらく沈黙の後、「赤い定期入れです」

私：「それは、どなたの定期入れですか？」

Ｊさん：「娘のものです」

この後、Ｊさんは、泣き崩れ、椅子から降り（もちろん、ロープを外した後で）、死ぬのをやめてくれました。娘を残して、死ぬことができなくなってしまったのです。電話がかかってきてから、一時間半後のことです。

イメージの力は、直感力を喚起します。Ｊさんの例のように、直感が、考えても考えても辿りつかなかった答えに導いてくれることもあるのです。

(2) 情動の力

椅子から降りたJさんは、落ち着きを取り戻し、そこで電話セッションが終了しました。しかし、それから五分も経たないうちに、再びJさんから電話がかかってきたのです。「もう少し、お話を聞いていただけますか?」ということでした。死の淵から生還したばかりのJさんは、興奮状態にあったのでしょう。Jさんは、家族の話や子供の頃の話を始めました。野球好きの父親の影響で、Jさんは小さい頃から野球が好きで、リトルリーグに入り、高校まで野球を続けたのだそうです。

Jさんは、三冠王を三度もとった落合博満のファンとのことでした。一九九一年に古田敦也と演じ、三毛差で破れた熾烈な打率争いについて、Jさんは熱く語るのです。「落合は、最終戦に六打数五安打で古田を逆転するのですよ。すごいですよね。でもそのあと、古田が一打数一安打で再逆転して首位打者を獲得するんです」と語るJさんは、少年時代に戻ったような様子でした。

死を決意したとき、人は、感覚・感情と分断された解離状態にあります。そこにあるのは、絶望感だけなのです。この時のJさんのように、少年時代の気持ちが戻ってきたのであれば、危機は乗り越えたと言って良いでしょう。

Jさんが「先生は、野球では誰が好きだったのですか?」と聞いてくるので、私は「長嶋

（長嶋茂雄）さんです」と答えました。私も、長嶋と阪神のエース村山との対決の話、日本シリーズでの活躍などを小学校時代を思い出しながら、少々興奮気味で話しました。そのとき、長嶋さんの引退後の話を思い出しました。その話とは……。

長嶋さんが引退してテレビで野球解説をしていた時の話です。打者が長打性のヒットを打ち、一塁を周り二塁に滑り込んだあと、動けなくなってしまいました。足を押さえていたので、おそらく、肉離れを起こしたのでしょう。アナウンサーは、長嶋さんに「○○選手は、どうしたのでしょう?」と聞きました。すると、長嶋さんは、「ん〜、ミート・グッドバイですね」と答えたのです。「ミート＝肉」、「グッドバイ＝離れる」です。

この話をしたら、二時間前には死を決意していたJさんが大笑いし、「先生、私、死ぬのがばかばかしくなりました」というJさんの言葉で、その日の二度目の電話セッションが終わりました。

多くの場合、笑いが出たら、もう大丈夫です。喜怒哀楽すべての感情は、生きるエネルギーです。何らかの感情が溢れてきて、その気持ちを出しきったら、死の危機は乗り越えたと言って良いでしょう。

ちなみに、それから数ヶ月ほどして、Jさんから電話がかかってきましたが、元気で働いているというお礼の電話でした。

それにしても、長嶋さんは、偉大ですね。

（3）別の感情を感じる

精神的不調に陥っている人たちは、特定の感情に取りつかれているわけですが、長嶋さんの話を聞いて笑い転げ、死ぬのがばかばかしくなったJさんのように、別の感情が感じられたら、世界はまったく違ったものに見えてくるのです。Jさんの場合、最初は死に向かう絶望感に取りつかれているわけですが、娘と別れる悲しさを感じ、娘に対する愛おしさが浮かび、自分が少年野球に夢中だったころのわくわく感を思い出し、セッションの最後には、長嶋さんの話で大笑いすると言うことになったのです。私に電話をかけてきたとき、Jさんから見える世界は、絶望の一色だったのが、セッションの終わりには、それ以外に悲しさ、愛おしさ、わくわく感、楽しさが加わっていったのです。まるで、モノクロの世界がカラーになったようなものです。それは、いま起こっている出来事に、別の見方を提供しているとも言えるでしょう。「世界は別の見方ができるのだ」ということを、クライアントにお伝えすることもセラピーの一つの大きな役目でもあります。

クライアントのKさんは企画担当の有能な三十代の会社員です。彼は人当たりも良く、上司からの評価も、同僚からの評判も良い人でした。しかし、Kさんには、どうしても苦手なことがありました。それは、人前でプレゼンすることでした。完璧な資料を作っても、何度リハーサルをしても、プレゼンになると、しどろもどろになってしまうのです。

最初のセッションで、Kさんは、数日後に大切なプレゼンがあると言います。こうした場合、生育歴や家族構成を聞いている暇はありません。何か少しでも不安を少なくする具体的な方法を考えなければなりません。

私は、当日プレゼンに出席するメンバーをKさんにイメージしてもらうことにしました。手順は以下のとおりです。

・目を瞑ってもらい、会議室の中に入るところをイメージする。
・そのときの不安のレベルを、〇―一〇で評価してもらう。
・ひとりづつメンバーをイメージしてもらう。
・全員をイメージし終わったら、再び不安のレベルを評価してもらう。

上記の方法で、多くの場合、最初の不安のレベルは九～一〇なのですが、エクササイズのあとは、六～八程度には落ちるものです。不安というのは、直面した瞬間が最も強く、その後は次第に弱くなってくるものだからです。

しかし、Kさんの場合、一周しても不安のレベルは変わらず一〇でした。その時、私は次のように教示し、エクササイズを続けたのです。

セラピスト：「それでは、もう一周してみましょう」

Kさん：「同じことをするのですか？」

セラピスト：「基本は同じことをするのですが、少しだけ違うことをしてみます。今度は、出席しているすべての人に、チョンマゲか、日本髪のかつらをかぶせたところをイメージしてください」

Kさん：「えっ、チョンマゲ？　日本髪？　ですか？」

セラピスト：「その通りです。日本人の男性に最も似合うヘアースタイルは、チョンマゲだと言われており、女性は日本髪だと言われております」

Kさん：「そうなのですか？」

セラピスト：「そうです。一口に、チョンマゲ・日本髪と言っても、さまざまな種類があります。チョンマゲでいえば、殿様のような立派なまげ、町人のまげ、総髪のまげ、日本髪でいえば、文金高島田、吉原の太夫のような絢爛豪華な日本髪、舞妓さんのような日本髪、町娘のようなこじんまりした日本髪。さて、一番真ん中に座っている鈴木部長は、どの髪型にしますか？」

Ｋさん：「……では、町人まげでお願いします」

このように、すべての人にチョンマゲか日本髪のかつらをかぶせるところをイメージしてもらったところ、不安のレベルは二になり、その日のセッションが終了し、数日後のプレゼンは、大成功だったのだそうです。その後、Ｋさんはプレゼンでまったく緊張しなくなりました。

こうした方法は、一見ふざけているようですが、「ユーモアセラピー」と呼ばれるれっきとしたセラピー手法で、効果のあるものです。「ユーモアセラピー」のコツは、セラピストがひたすら真面目にイメージ誘導することです。その真面目さが、クライアントの笑いを誘います。人は、笑える状態になったら、不安になろうとしてもなれなくなってしまうものなのです。

Ｋさんの場合、何の原因でプレゼンが苦手になったのか不明ですが、たった二度のセッション（チョンマゲセッションとその後のフォローアップセッションの二回）で、人前で緊張しそうなときには、自然にチョンマゲと日本髪をイメージできるようになり、むしろ、プレゼンが得意になったのだそうです。

（４）無意識に直接アプローチする：サイコシンセシス

イメージを有効に利用し無意識に直接的にアプローチする理論に、サイコシンセシスがあります。サイコシンセシスの創始者アサジョーリは、無意識を上位・中位・下位無意識を明確に区別しました。[6]下位の無意識とは、抑圧されたコンプレックスや忘れられた記憶という形で、個人的心理的過去をあらわします。中位の無意識とは、意志の力によって、意識の領野に持ってくることができる心の能力や状態の存在する領域です。上位の無意識は、無条件の愛などの高度な感情の源泉であり、直感や光明とエクスタシーの源です。[7]そして、上位無意識に「トランスパーソナル・セルフ」、つまり私たちの中の「高次の自己」があると考えました。サイコシンセシスでは、人は、上位無意識とつながることにより、全ての存在とつながっているという統一意識を得て、無条件の愛を感じ、自分自身を無条件に受容することができると考えています。そして、トランスパーソナルセルフは、自己成長の源であり、パーソナルセルフをノンジャッジメンタルな姿勢で見つめることにより、そこに接することができると考えています。マインドフルネスの状態は、サイコシンセシスの用語を借りれば、パーソナルセルフを静かに見つめ、トランスパーソナルセルフに接している状態と言えるでしょう。

この、パーソナルセルフを静かに見つめるために、サイコシンセシスでは、さまざまなイメージワークを行います。次に、サイコシンセシスのサブパーソナリティのワークと呼ばれるエクササイズを紹介しましょう。人は、様々なパーソナリティを持っています。会社ではおとなしいけれど、カラオケではノリノリの人がいますが、その人は、サブパーソナリティを上手に使い分けているのかもしれません。また、普段は穏やかな人なのに、車に乗ると怒りっぽくなる人もいます。これは、怒りっぽいサブパーソナリティが普段は隠れていたわけです。サブパーソナリティのワークは、自分でも気づいていないようなサブパーソナリティを発見するエクササイズです。

(1) クライアントは、リラックスした姿勢をとり、目を閉じる。
(2) クライアントに、自分の呼吸に集中してもらう。
(3) クライアントに、自分がバス停の前に立っているところをイメージしてもらう。
(4) クライアントに、バスがやってきてバス停に止まることをイメージしてもらう。
(5) クライアントに、バスに乗ってもらう。
(6) クライアントに、自分の座る場所を探してもらう。
(7) クライアントに、バスに誰が乗っているのか観察し、それぞれの人がどんな人なのかを想像してもらう。
(8) カウンセラーは、クライアントに、「次のバス停にとまります。まだ目的地ではないので降りません。だれかが降り、新しい人が乗ってくるかもしれません。そして、バスが動き始めます」と伝える。

(9) クライアントに、新しく乗ってきた乗客について、それぞれがどんな人なのか想像してもらう。

(10) (8)、(9)を二〜三度繰り返す。

(11) カウンセラーは、「目的地に着いたのでバスから降ります」と伝える。

(12) ゆっくり目を開ける。

(13) クライアントはカウンセラーとともに、イメージワークを振り返り、バスに乗っていた人、降りた人、新たに乗ってきた人が、自分にとってどんな意味があるのかを話し合う。

バスに乗っている人は、ドライバーも含め、全て自分のサブパーソナリティの可能性があります。降りていった人は、もう必要なくなったサブパーソナリティなのかもしれませんし、図らずもいなくなってしまったサブパーソナリティなのかもしれません。様々なサブパーソナリティに気づけば、それを適宜利用することができるのです。サイコシンセシスには、正解はありません。浮かんできたイメージの意味をセラピストが分析するということもしません。ただ、クライアントがセラピストと、浮かんできたイメージについて語り合うことによって、その意味を見つけていくのです。

（5）夢からのメッセージ

カウンセリングの現場で、夢が重要な役割を果たすことがしばしばあります。夢は、通常の生活の中で起こる変性意識状態で、その世界は、人の深層の心理をなんらかの形で具現化しています。セラピーセッションの中で、クライアントの夢に助けられて、プロセスが劇的に進展したことがあります。

そのクライアントは、二十代の中国系アメリカ人男性（Ｌさん）で、長期間続く抑うつ傾向と、ちょっとしたきっかけで感情のコントロールができない傾向がありました。また、自傷行為もあり、彼の手足には、ひっかいた痕や、あおあざ、えんぴつのような尖ったもので自分を刺した痕等がありました。カウンセリングの最初のセッションの時、私は、身体的な虐待も疑ったのですが、やがて、それはすべて彼自身がつけた傷であることが明らかになっていきました。

彼の自傷行為は激しいもので、皮膚だけでなく、肉の一部が剥がれるほど自分をひっかくこともあったし、壁に頭を打ち付けて大怪我をしたこともありました。さらに、物（食器、花瓶、ノート型パソコン、大型テレビ！等）を投げて部屋の中をめちゃくちゃにしてしまうこともありました。しかし、彼はその自傷行為や物を投げる等の破壊行為の詳細を覚えていませんでした。また、彼は「自分の中に二つの人格がある」と言っていました。これらの事実は、彼が自傷行為の際に解離症状を起こしていたことを示していました。解離とは、なんらかの形で「自分が自分でない感覚、ないしは経験」を持つということで、この傾向の最も極端な例が解離性同一性障害です。後からわかったことですが、Lさんは、激しい怒りを示しているとき、英語を喋ることができず、中国語で怒りを表現していたのだそうです。Lさんの両親は中国人で、彼が五歳のとき、アメリカに出てきたのだそうです。最初は英語を喋れなかったのですが、成長してからは、逆に中国語が理解できなくなっていたのです。Lさんの場合、人格が変わったときのほとんどの記憶がありませんので、解離性同一性障害と判断する専門家が多いでしょう。

彼とのセッションは、困難なものでした。セッションルームの中での彼は、はにかみがちで口数の少ないおとなしい青年で、とても前述したような激しい自傷行為をするようには見えなかったのです。彼の気分は、常に「いつも通り」、あるいは、「普通」であり、自傷行為の中で表出したであろう激しい感情は、見られませんでした。ただ、時々、自分の嫌いな人物について、顔をしかめながら話すことがあり、その中に私は、彼の怒りを垣間見たような気がしました。しかし、彼は「嫌い」な理由について明確に述べることはなく、私は、Lさんの嫌悪と怒りの対象が何に向かっているのか掴みきれずにいました。そして、彼の自傷行為＋破壊行為は、二週間に一度程度の割合で、セッション開始後も続きました。

あるセッションの時、Lさんは、自分が最近見た印象的な夢について語り始めました。その夢は、次のようなものです。

私（Lさん）が二階にある自分の部屋でくつろいでいると、窓から、何人もの人達が侵入してきました。彼ら（男性も女性もいる）は、私の部屋の中で、なにか楽しそうにおしゃべりを始めました。彼らは、私がいることなどは無視しているようです。私は、無性に腹が立ち、ついに、ベッドのそばにあった椅子を投げつけました。すると、椅子はドアにあたり、ドアが壊れてしまいました。

私は、この時、「おや？」と思いました。夢の中でLさんがくつろいでいた部屋のドアと窓は、正反対の場所にあります。そして、侵入者達は、彼と窓の間にいました。つまり彼は、侵入者達とは反対の方向に椅子を投げた、だからドアが壊れたのではないかと思ったのです。私は、このことをLさんに指摘してみました。すると、彼は驚いた顔をして、「気づかなかった」と言いました。

この夢は、おそらく彼が普段やっていた行為を象徴したものだったのでしょう。Lさんは、本来の敵に向かってではなく、自分に向かって攻撃の矢を向けていたのです。私は、Lさんに、「侵入者達に向かって椅子を投げてもよかったのではないですか？」と言いました。彼は、ポカンとした顔をして、少し間をおいてから、今まで他人に向けて怒りをぶつけたことがないと告白しました。私は、「誰にでも怒りを感じ、それを表現する権利があります。暴力はいけませんが」と話しました。

このセッションの後、彼の自傷行為+破壊行為はぴたりとおさまり、しだいに自分の感情を、まずは母親に対して、やがてその他の人たちに対しても表現できるようになりました。Lさんのテーマは、母からの自立だったのです。夢は、そのテーマを明確に示したのです。その後、Lさんは大学を卒業し、就職し、家を出て結婚しました。これは、私がやってきたセッションの中で、最も夢のワークが効果的だった例です。

(6) 夢の続き

Mさんが、私のカウンセリング事務所を訪れたのは、彼女が三十歳の時でした。彼女は、一流大学卒業後、1年間のアメリカ留学を経て、大手企業にキャリア採用され、その仕事も順調で、結婚は、まだ考えていないとのことでした。そんな彼女の主訴は、「言いようのない不安」「他人の目を気にしすぎること」「どうしても自分に自信が持てないこと」でした。初回のアセスメントの結果、私は、若干の不安と抑うつ傾向はあるものの、彼女には精神疾患の傾向は認められないと判断しました。

Mさんの両親は、彼女が高校生の頃に離婚(父親は、数年前に死去)し、その後は、会社を経営する母方の祖父母と母親と（祖父は、Mさんが二十代の時に死去）と住み、経済的には恵まれた環境に育ちました。Mさんは、小学生の頃から学校の成績もよく周囲から期待されて育ち、Mさん自身もその期待に十分に応えてきました。彼女の将来も約束されたようなものです。今の仕事を続けるにしても、母親の事業を継ぐにしても、その未来は、明るく見えます。

周りからはうらやまれるようなキャリアを持つMさんに悩みなどあるはずがないと思われる方がおられるかもしれませんが、実は、彼女のケースのような事例は、少なくありません。彼らは、一見順調な人生を歩んでいるように見られがちですが、その内面にはさまざまな葛藤が存在します。Mさんには、前述した不安感や抑うつ感とともに、「自分自身の人生を生きているという実感がない」と訴えていました。

Mさんの人生は、母親の期待通りでした。母親の口癖は「これからの女性は、社会に出てバリバリ仕事をしなければならない」ので、「そのためには、よい大学を出て」、「国際化の波の中で、少なくとも英語は流暢にしゃべれなければならない」と考えていました。小さい頃からそうした母親の言葉を聞いて育ったMさんは、母親の期待をそのまま自分の希望として受け入れ、その期待を実現するために努力をしてきました。そして、優秀な彼女は、その期待を次々に達成していきました。しかし、そんな彼女にも挫折感がありました。前述したように、彼女は、大学卒業後アメリカの大学に留学したのですが、その時の彼女の目的は、一年間英語を勉強し、大学院に進学するというものでした。しかし、留学生活は、当時二十二歳の彼女にとっては、非常にストレスフルで、「あまり日本人がいない所がいいわよ」という母親の言葉に従って日本人のほとんどいない都市に滞在したため、日本からの情報から隔離され、ホームシックに悩むことになりました。そんな環境の中でも、彼女の頑張りにより、英語は上達し、大学院の合格ラインにまで達したのですが、彼女は、結局一年で留学を切り上げることにしました。Mさんとしては、大学院で勉強したいコースも定まらず、自分で「まだ時期ではない」と判断した結果、日本に帰ることにしたのです。そんな、Mさんの決断に、母親は「あなたの人生は、あなたが決めればいいのよ」と言いながら、しばしば、「アメリカの大学院に行けたらよかったのにね」とも言い、その後必ず「また留学したくなったら、お金のことは心配しないでね」と付け加えました。この母親のメッセージは、ダブルバインドとなり、Mさんを混乱させ、ついには、大学院に行けなかった自分を責めるようになりました。

彼女の言いようのない不安感や抑うつ感が、大きくなってきたのは、その頃のことです。Mさんは、次第に自分の希望だと思っていたものが、必ずしも自分が求めていたものではなかったのではないか？という疑問を持ち始めました。大手企業に就職したMさんに対し、お母さんは満足した様子でしたが、彼女は、何か満たされないものを感じていました。そして、三十歳のときに、私のカウンセリングオフィスを訪ねたのです。

私は、彼女のお話をうかがい、自分で自分の人生を作ることを目標とするセッションを行うことを、彼女の同意のもとに決めました。そして、まず、彼女の「言いようのない不安感」に焦点を当てることにしました。彼女の主なテーマは、その不安感の中に隠されており、抑うつ感は、不安感に付随するものと考えたからです。しかし、彼女は、なかなかその不安感を明確に表現することができませんでした。私は、その不安感から連想するものを、Ｍさんに尋ねました。少し戸惑った表情をしながら、彼女は、繰り返し見る夢について語り始めました。その夢とは：

だれかに追われて、自分の部屋（小学六年生まで住んでいた生家にあった自分の部屋）に逃げ込んで全ての窓やドアを閉め、隅っこでうずくまっている。部屋の外には誰かいて、自分をじっと見ている。まるで部屋の回りに数百個の目があるような感覚の中でおびえている。

と、いうものでした。セッションの中で、この夢の場面を頭に描いてもらい、その中で、ドアを開け、外を覗くところをイメージしてもらいました。彼女は、明確に外を覗くところをイメージすることができました。イメージの中で、家の外には数百の目が出てきたのですが、彼女がその視線に負けずに外を覗いていたところ、数百の目は消え、その後に一面の花畑が現れたと言います。そして、そこにはお父さんが立っていました。このイメージのワークの後、私は、彼女にお父さんとの思い出を聞きました。Ｍさんにとって、お父さんのイメージは良いものではありませんでした。お父さんは、酒好きで、仕事（母方の祖父が経営していた会社の仕事）の面でもパッとせず、しまいには浮気をして、それが両親の離婚の原因となりました。そして、Mさんは、いつもお母さんからお父さんに対する愚痴を聞かされて育ったとのことでした。

次のセッションまでに、彼女は、小さい頃、お父さんが大好きだったことを思い出しました。彼女は、よく、日本酒をちびりちびりやっているお父さんの膝の上で絵本を読んでいたのだそうです。そして、そうした経験を、彼女は、ずっと忘れていました。彼女は、中学校の頃から、離婚して家を出て行ったお父さんのことが嫌いになり、今でもお父さんのことは許せないと言っていました。クラシック音楽好きで何事も計画通りきちんとやるお母さんに比べ、お父さんはロックが好きで、釣り、碁、将棋、油絵と趣味が多く、そうした趣味に没頭すると時間を忘れてしまう「いいかげんさ」があったと言いました。そんなMさんを見て、私には、彼女が一生懸命お父さんを否定しようとしているように見えました。その日、Mさんは、お父さんの写真を持ってきていました。その写真には、Mさんもお父さんに肩車されて写っていました。お父さんは、決してMさんを否定しなかったと言うことです。そして、「それでいいんだよ」がお父さんの口癖でした。Mさんが何か失敗した時、お父さんからの「それでいいんだよ」を聞くと、彼女は、安心した気持ちになったのだそうです。セッション中、彼女は、その話をしながら涙ぐみました。そのセッションでわかったことなのですが、お父さんとMさんには似た所が数多くありました。Mさんも、好きな絵を描いている時は時間を忘れてしまい、よくお母さんから「宿題はどうしたの？」と注意されたものでした。

やがて、Mさんは、自分がお父さんにいかに愛されていたかを思い出しました。Mさんが小学四年生の時、同級生からちょっとしたいじめにあった時、普段は温厚なお父さんが怒って、相手の親に抗議の電話をしたことや、Mさんが落ち込んでいる時にくだらない冗談で励ましてくれたりしたことなどを次々と思い出したのだそうです。そして、彼女は、「自分がずっとお父さんが好きだった」ことに気づきました。彼女は、自分が実は父親似なのではないかと感じるようになりました。自分ののんびりした性格、ひとつのことに熱中すると時間を忘れてしまう所などは、父親ゆずりで「なんだか、これまで私は無理をしていたようです」と彼女は言いました。Mさんは、それまで否定していた自分の資質をポジティブなものとして受け入れるようになってきたのです。

Mさんとのセッションは、このように自己受容のプロセスを経て、終了しました。そのきっかけとなったのが繰り返し見ていた夢なのです。この夢を解釈すれば、たくさんの目は、母親を含む周囲からの期待や、監視や、コントロールを意味していたのでしょう。Mさんは優秀であることを期待され、周囲が理想とする道から外れないように監視され、父親に対する愛着は否定されるというコントロールを受けてきたのです。

夢の続きのイメージワークの中で、たくさんの目に向かって振り返ることにより、周囲からのプレッシャーに打ち勝って、本来の自己と再会することができたと言っても良いでしょう。夢もイメージも、無意識からのメッセージをほぼそのまま表現しています。夢の続きをイメージワークが受け継ぐことで、夢からのメッセージは完結しやすいと言えるでしょう。

（7）妄想・幻覚に立ち向かう

精神病の主症状である幻覚や妄想は、夢が現実の世界に染み出してきた状態と言えます。つまり、幻覚・妄想が無意識からの情報を象徴的に表現していると言えるでしょう。幻覚・妄想を持つクライアントに、夢と同じようなアプローチをすることがあります。

Nさんは、三十代の男性で、主症状は幻聴でした。幻聴は、彼がインドで集中的なヨガのトレーニング体験をしている時に起きました。あまりに声が大きくなり、日常生活が送れなくなり、帰国して、セラピーを受けることになったのです。彼は、精神科にも通院しましたが、睡眠剤以外の投薬は拒否していました。精神科医からは、統合失調症と診断されました。

Nさんによれば、複数の人の声が聞こえるが、声の内容は不明とのことでした。幻聴の強さのレベルを〇—一〇〇で評価してもらったところ、Nさんは、一〇〇と評価しました。セッション中にも幻聴が出てきたので、自分自身を落ち着かせるためのゆっくりした呼吸を行ってもらった結果、幻聴の声を聞き分けることができるようになり、声は夫婦と思われるふたりの中年男女であることがわかりました。そのため、次回までの宿題として、声の内容を書き出してもらうことにしました。

Nさんは、声を書き出してみて、声に対して「ワンパターン」「うそばっかり」「めんどう」という感想を持ち、それとともに、声に対する恐怖が低下したとのことでした。

Nさんによれば、声の夫婦の女性の方の声が大きく、声は主に「Nさんは、自分のことを全然分かっていない」「自分のことしか考えていない」「私たちのことといなくなればいいと思っている」などと言っていたとのことでした。

夫婦の声の内容は、Nさんの両親がNさんに対して中学・高校・大学時代に言っていた内容と似ているとのことでした。Nさんの両親は、ある宗教団体に属しており、特に母親が熱心な信者でした。母親は、子供たちをその宗教団体の信者に育てようとしましたが、実際に入信したのは、弟のみで、Nさんは入信しませんでした。Nさんは、その宗教団体の教義に疑問を持っていたからです。セッションの中で、Nさんは、宗教団体への不満を述べました。また、Nさんは、日本に帰ってきてから勉強会やセミナーで会った「スピリチュアルな高次の成長段階に達している」と自称する人たちに対する不快感を述べました。セッションの中で、両親が所属している宗教団体と、スピリチュアルな高次の成長段階に達していると自称する人たちに対して、Nさんが自分の不快な気持ちを述べている間、幻聴は沈黙していました。この経験から、Nさんは自分の強い気持ちが幻聴を沈黙させる力を持つと理解することができました。Nさんの家族には、守らなければならないルールが多数あり、未だにその影響を受けていました。私は、Nさんに「そのルールを書き出し、その中のひとつを破る」という宿題を出しました。

三回目のセッションで、Nさんは、幻聴の声がかなり小さくなり、強さのレベルが一〇以下になったと言います。第二回セッションから第三回セッションまでの間に、宿題である自分の中のタブーを破るため、両親の影響で菜食主義者であったNさんは、ファーストフード店のハンバーガーを食べたとのことでした。その結果、タブーを破っても基本的には自分自身に何の不都合も起こらないことが理解できました。

四回目のセッションでは、声は、ほとんど気にならなくなり、幻聴の強さのレベルは、四になったとのことでした。このままセッションを続けていけば、幻聴はなくなるかもしれないのですが、Nさんは、「それは寂しい」と言うのです。幻聴に悩まされるクライアントの多くは、幻聴のレベルが一〇〇を最大とした時、一〇以下のレベルまで落ちてくると日常生活に全く支障をきたさなくなると言います。また、そのレベルになると、幻聴は、微妙なサインを掴むアラームとして機能することもあるようです。つまり、幻聴が、不安な状況をいち早くキャッチし、本人に対して危険予知のような役目を果たすことがあるようです。声が聞こえたような気がしたら、立ち止まって、自分がいまやろうとしていた行動を見直すと言うクライアントもいました。

Ｎさんに対するセッションは、⑴得体の知れない不安を象徴する声に直面する、⑵声に直面することにより、声のメッセージが明確になる、⑶メッセージの源が親子関係から生まれた歪んだ認知様式であることがわかる、⑷歪んだ認知様式を修正するというプロセスを経て終結したのです。つまり、感覚・感情のレベルに直面化するアプローチから始まり、思考のレベルで「思考の力」により、新たな世界観を明確にし、定着させることができたと言えるでしょう。

Ｎさんは、セッション後、何年も経過していますが、精神病的症状の再発はありません。私は、Ｎさんの事例のように、幻覚・妄想に対して、夢に対するのと同じようなアプローチが可能なのではないかと考えています。

（８）偶然を利用する

セラピーの目的は、クライアントが回復すること、あるいは成長することです。そのために、利用できるものがあれば利用します。これから紹介する事例は、幻覚・妄想のある十九歳のアメリカ在住のベトナム／中国系アメリカ人女子大学生Ｏさんの事例です。Ｏさんは、アメリカで生まれ、両親と同居しており、兄弟はいません。父親はベトナム系アメリカ人、母親は中国系アメリカ人です。Oさんには「叔母の突然の病死後、叔母の姿を見る」「テレビ、蛍光灯などからメッセージが聞こえる」「金魚と話すことができる」などの幻覚・妄想と思われる症状がありました。S空港駐車場で、宇宙からの声に従い、消火器で車を壊したことにより、精神病院に数日入院した後、当時の私がインターンカウンセラーをしていた、コミュニティメンタルヘルス機関での個人セラピーが行われました。初診において、精神科医より、精神病NOS（特定不能の精神病）と診断されました。

初回セッションは、最初、母親が同席して行われました。私からの質問には、常に母親が答えていました。母親の前では、Oさんは、うつむきがちで、自分から話そうとしません。一〇分経ったあたりで、私は、母親には退席していただき、Oさんとの一対一セッションに移行しました。母親が退室後、Oさんは次第に饒舌になり、「S空港での事件」および「金魚との会話」について語りました。S空港では、突然、宇宙から「悪魔の基地を破壊せよ」との声が聞こえ、その声に従って、消火器を使って駐車場の車のボンネットやフロントガラスを破壊したとのことでした。

また、家で飼っている金魚との会話について話してくれました。Oさんの話に出てくる主要な金魚は以下の通りです。

ビッグママ：フナのように大きな金魚。水槽の支配者。

オスカー：ビッグママを恐れない唯一の金魚。
ベス：水槽の隅で静かに世界を観察している金魚。

二回目以降七回目までのセッションは、主にOさんが金魚との会話について語り、私が傾聴に徹する形で進行し、Oさんに大きな変化はありませんでした。金魚との会話の内容は、Oさんの家族関係及びOさんの心理を示していると考えられました。すなわち、ビッグママは、支配的な母親を象徴し、ベスは現在のOさんの様子、オスカーはOさんの理想ないしは希望を示していると推定できました。

その他、Oさんからは妄想的なコメントがしばしばありました。例えば「この施設の精神科医Pは悪魔である」「海岸で首のない女性の全裸死体が発見された」などです。Oさんによれば、精神科医Pは悪魔であり、Oさんを狂わそうとしており、処方された薬は毒薬であるという主張でした。また、海岸での首のない女性の全裸死体については、当時の報道やネット情報を調べましたが、そうした事実はありませんでした。

八回目のセッションの始まる前、待合室でOさんが声を上げて泣いていました。Oさんをセッションルームに案内すると、彼女は泣きながら「オスカーが自殺した」と述べました。Oさんによれば、オスカーが水槽から飛び出て死んでしまったとのことでした。

Oさんは「オスカーが死んだのは悲しいが、私は、オスカーがうらやましい。外に出ることができたのだから」と言いました。これは、セッションの中で、Oさんが「I Statement：自分を主語にした表現」で自分の気持ちを述べた最初のコメントとなったのです。

九回目以降、Oさんは、次第に金魚の話をしなくなり、「I Statement」で、自分の感情・希望・思考を話すようになっていきました。また、待合室で、Oさんはカウンセリングでの会話内容についてあれこれ指示をする母親に対し、「私にかまわないで」と抗議をしました。こうした意見の表明は、これまでOさんがしてこなかったことです。セッション内では、妄想的な会話がなくなり、幻覚も認められなくなりました。Oさんは、再び大学に通うようになり、全十四回でセッションは終結しました。

Oさんとのセッションで私は何もしていません。ただ、Oさんの話を共感的に聴いていただけです。オスカーの死という偶然の出来事の中から、Oさん自身が、自分の中の価値観を変えていったのです。

セラピーセッションをやっていると、しばしばこのような偶然の出来事が助けになることがあります。セラピーを受けることによって、クライアントの脳のレベル、感覚・感情のレベルでゆらぎが起こるのだと考えられます。このため、クライアントは、今までと異なる視点を持っているので、自分の周りで起こっていることに新たな意味を見出す可能性が出てくるのです。

セラピストは、そうした偶然の出来事がクライアントの変容に役立つようであれば、積極的に探求し、利用すべきでしょう。

［参考文献］
（１）ワインバーグ, G.（2001）『セラピストの仕事』金剛出版
（２）クルツ, R.（1996）『ハコミセラピー』星和書店
（３）向後善之、新海正彦、ウォン・ウィンツァン、新倉佳久子著(2015)『吉福伸逸の言葉』コスモス・ライブラリー
（４）ロスチャイルド, B著『ＰＴＳＤとトラウマの心理療法　心身統合アプローチの理論と実践』創元社
（５）グリーンバーグ, L.S.（2013）『エモーション・フォーカスト・セラピー入門』金剛出版
（６）アサジョーリ, R.(1989)『意志のはたらき』誠信書房
（７）フェルッチ, P.（1994）『内なる可能性』誠信書房

第6章　Power of Dance ——セラピーの本質

1.　ゆらぎとセラピー

人は、人生の中で、さまざまな困難に直面し、乗り越えていきます。そのとき、人は苦労しながらも、自分にとってもっとも心地よい場所を見つけていきます。それは、自我が拠り所としている価値観・世界観を壊し、再構築すること、すなわち「自我の死と再生」のプロセスと言えます。こうしたプロセスを経て、ある部分の非自我と自我の間の矛盾が解消され、その部分において「存在の力」がそのまま表に出てくることができるのです。新しい価値観・世界観は、やがて壁にぶつかり、再び破壊され、再構築される必要が出て来ます。そして、第1章でお伝えしたように、このプロセスは、生まれてから死ぬまで一生続くのです。そして、「自我の死と再生」を繰り返すことにより、「存在の力」は強くなっていくのです。

このプロセスのほとんどは、親、兄弟、友人、先輩、上司、パートナー、部下、子供、セラピストなど他者との関係性の中で、新しい価値観・世界観に気づいていくのです。他者との関わりのなかで、人の心はゆらぎます。それは、今まで自動的にやっていた思考パターン・行動パターンが万能ではないことを知るときでもあります。これまでのパターンを変えないと前に進めないという状況に直面するのです。

この「自我の死と再生」は、非常に苦しいこともあります。受験、就職、中年の危機、親しい人の死、病気、老いなど人生におけるライフイベントにおいて、「自我の死と再生」が訪れやすいと言ってよいでしょう。また、このプロセスに、社会・文化も影響を与えます。特に今の日本の社会は、集団からの同調圧力も強くなってきており、個を確立する前に、安直に集合的自我に迎合してしまう傾向があります。

こうした状況の中、人々は、なんらかの「与えられた」価値観・世界観にしがみつきがちです。それは、自らしがみつく場合もありますし、他者から強要される場合もありますし、巧妙なコントロールを受ける場合もあります。その最たるものは「良い成績をあげれば、勝ち組になるぞ」「良い成績をあげなきゃ、負け組になるぞ」「みんなと同じ意見を持っているのなら生きていけるぞ」「みんなと違う意見を持ったら生きていけないぞ」などの価値観です。そして、こうした文化的に歪んだ価値観は、「自分は何もできない人間だから、負け組だ」「私のような人間はみんなから嫌われているに違いない」などの個人的なスキーマを強化するかもしれません。

人が、人生におけるなんらかの壁にぶつかって、そうした価値観・世界観・スキーマがゆらいできて、それを解決することも乗り越えることも難しいときに助けになるもののひとつにセラピーがあります。

セラピーの場では、クライアントのゆらぎは許されます。必要であれば、ゆらぎたいだけゆらげばいいのです。セラピストは、ゆらぎの中で苦しんでいるクライアントを共感的に理解することによって、クライアントの心が自由に動き回れる場を作っていくのです。そこで、セラピストは、クライアントといっしょに、間主観的に新しい価値観・世界観を探していくのです。この状態を、吉福は「ダンス」と表現したのでしょう。

ダンスをしながらも、セラピストは、覚醒しながらそこに存在していなければなりません。クライアントがどこに行こうとしているのかを見つめ、基本的にはクライアントが自由に動くのに任せながら、耐えられないような危険が迫っているようなら介入し、不安になって止まりそうになったらちょっと背中を押すといったサポートをするのです。

あらゆるセラピープロセスは、間主観的な場において、クライアントとセラピストの「ダンスの力」によって進んでいくのです。

2.　オープンダイアローグの基本アプローチとセラピー

近年、フィンランドで対話を中心としたオープンダイアローグという手法が、統合失調症の治療に対して大きな成果を上げているということで、話題になっています。[1]原則的には投薬をしないで、医師、看護師、カウンセラー、ソーシャルワーカーと患者および患者の家族との対話の中で統合失調症から回復していくのです。オープンダイアローグによる回復率は驚異的で、従来完全回復（投薬が必要なくなる）は二十五％程度と言われていたのに対し、発症してすぐにオープンダイアローグで対応すると八〇％程度が完全回復したというデータも発表されています。八〇％という回復率が妥当かどうかは、今後検証がなされていくでしょうが、今まで考えられなかったような回復を、しかも投薬なしで実現できる可能性が示されたのです[2]。

オープンダイアローグの手法自体は、なにも目新しいものはありません。そして、その基本的な考え方や姿勢は、すべてのセラピーに共通なものだと思います。つまり、統合失調症に対するセラピーだけにとどまらず、全てのセラピーに有効であると、私は考えています。

まず、オープンダイアローグの基本的姿勢のキーとなっているのは、フィンランド人のコミュニケーションスタイルなのではないかと私は考えています。

フィンランドでは、小学校の頃からカルタと呼ばれるマインドマップを使います[3]。ひとつのテーマに対し、物事を説明する場合には、「それは何?」、「それはどんなもの?」、「それで何をするの?」を、物語の中のできごとを分析する場合には、「いつ」、「どこで」、「どうやって」、「なぜ」、「それからどうなった?」を、念頭に置いて考えるのです。

そして、フィンランド人は、「Miksi」という言葉をよく使います[3]。「どうして?」という意味です。偉い人に言われたから、専門家が言っているからという理由だけで納得するのではなく、どうしてそうなっているのかという理由をはっきりさせようとするのです。その流れで、自分の意見を言うときには理由もあわせて述べます。「なんとなく」とか、「みんながそう言うから」とか、「教科書に書いてあったから」ではないのです。

こうした「Miksi」コミュニケーション（と、名付けてみました）のスタイルは、カウンセリングの場で、とても有効です。

例えば、「僕のことを『お前なんて価値がない』という言葉が聞こえるんだ」とクライアントさんが言ったとき、「あぁ、幻聴ね」とラベリングするだけだったら、なんの治癒効果もないのですが、「『お前なんて価値がない』という幻聴が、どうして生まれるのだろう？」という疑問を探求していけば、その人の根源的な悩みにたどり着くかもしれません。

つまり、このMiksi精神が、クライアントとセラピストが一緒になって探求するというセラピーの基本となる雰囲気を作るのです。そして、その雰囲気の中で「ダンスの力」が有機的に働き始めるのです。

3. 対話主義、ポリフォニー、不確実性への耐性

医療の現場では、基本的に患者は医師などの専門家の指示に従います。医療従事者は、一般には理解が難しい専門的知識に従って患者の状態を診断し、治療プログラムを作っていき

ます。医療の現場では、患者の意見を聞きますが、専門家が主導にならざるを得ない側面が強いのです。

しかし、セラピーの現場では違います。セラピーは、学派によって多少の差はありますが、クライアントとセラピストは対等の立場で、提示されたテーマについて共同で探求していく場なのです。そして、答えはクライアントが見つけていくのです。そうした観点から、オープンダイアローグでは、対話によりクライアントの体験を理解するための共有可能な言語表現を見つけていくことを目的としている「対話主義」が強調されています。(2) 対話主義の中で、クライアントとセラピストのMiksi精神が発揮できるのです。

「対話主義」に「上から目線」の「決めつけ」は厳禁です。例えば、「あなたが学校に行かないのは、やる気がないからだ」などと言ってしまったら、たちまち対話の雰囲気は消滅してしまい、クライアントはもう心を開こうとしなくなるでしょう。セラピーは、「人の心はわからない」というところからスタートしなければなりません。わからないから、対等の立場で対話するのです。その対話の中から、まだ言語化されていない自分の感情にクライアントが気づいていくのです。

また、正しさを押し付けるのも対話の雰囲気を壊すものです。摂食障害の人に「食べないと死んでしまうのだから、私のいうことを聞いて無理にでも食べなさい」というのは、内容的には間違っていないかもしれませんが、そればかりでは、対話を有効に活用したセラピーにはなりません。セラピーは、善悪・正邪をジャッジするところではないのです。そうでないと、DVの加害者、モラルハラスメントをする人、虐待をする親、犯罪者などの人たちに対するセラピーなどできません。摂食障害のセラピーの場合には、「なぜ食べないことが悪いのか」といったことについては、話し合うことはありますが、その背景にどのようなプロセスがあるのかということを扱うのが、セラピーの主要課題なのです。

こうした対話を成立させるためには、多様な視点を大切にする必要があります。セラピーの中では、「……ねばならない」、「忖度する」、「空気を読んで自分の行動を決める」など普段無意識にやっているパターンは、横に置きます。見えない締め付けのない雰囲気の中で、クライアントが自由に自分を探求することができるのです。

こうした多様性の尊重の姿勢は、オープンダイアローグの主要な要素である「ポリフォニー」に通じます。[2] ポリフォニーは、元々は「主旋律・伴奏の区別のない」という音楽用語で、オープンダイアローグでは、複数の声が対等に扱われる状態を示しています。「ポリフォニー」の雰囲気がなければ、クライアントが、自分の気持ちをそのまま表現することはできるものではありません。

さらに、こうした対話を維持するためには、体系的に仮説を立てたり、評価判定をすることのないあいまいな状態に耐える姿勢「不確実性への耐性[2]」を、セラピストは持っていなければなりません。結論を急がず、対話そのものが答えを出すか、そもそもの問題がなくなってしまうまで、回答を保留するということです。これは、セラピストにとって、特に新人の頃には難しいことです。答えのない状態にセラピストが耐えられず、つい先走って答えを出そうとしてしまうのです。たとえ、その答えが正しいものであったとしても、クライアントが納得するものにはならないでしょう。自分で考えて到達したという実感がないからです。また、このようにセラピストが焦って出した「答え」は、大事なことを見逃している場合が多いと言えるでしょう。例えば、ＤＶの被害を受けていると思われるが離婚は考えていないという女性クライアントに対し、初回セッションで、十分にクライアントの気持ちを聞く前に「それはＤＶです。ＤＶをする男性が更正することはありません。離婚するしかありません」と言ってしまうようなアプローチは、セラピストに「不確実性への耐性」が欠けている可能性があります。そもそも、そのクライアントがなぜ離婚をしたくないのかについて何もわかっていませんし、ＤＶのレベルによっては、離婚以外の解決策もたくさんあります。

セラピストに「不確実性への耐性」があると、クライアントは、不確実性の中から、自分のペースで自己探求をしていくことができるのです。セラピストは、クライアントも不確実性の中にいることが苦しいということを理解しなければなりません。不確実性の中でセラピストが感じている苦しさは、実は、クライアントが日常的に感じている感覚と同様なものなのかもしれません。従って、クライアントと共に不確実性の中にいることができるということは、クライアントと間主観的な場が出来始めていると考えたら良いのです。「不確実性へていると言えるでしょう。の耐性」は、クライアントのプロセスを信じると言うことです。ハーバード大学の社会心理学者ロバート・キーガンが、「問題を解決するのではなく、問題に私たちを解決してもらうのです(4)」と言っていますが、この姿勢こそが、「不確実性への耐性」のメカニズムを言い当てていると言えるでしょう。

4. ダンスを踊らない人たち

対話主義、ポリフォニー、不確実性への耐性は、あらゆるセラピーの基本となるものだと、私は思います。この三つがあることによって、クライアントとセラピストがダンスをする場ができあがるのです。

しかし、場ができていても、踊る気のない人は踊らないのです。

例えば、こんな事例がありました。クライアントのPさんは、三十代の男性で、何代も続く親族企業の跡取りでした。彼の実家はその地域の名士で、親戚は、ほとんどが高学歴で、職業も、医師、弁護士、公務員、一流企業社員でした。そして、一族の中では、X大学出身であることが義務付けられているような空気がありました。Pさんの両親は共にX大学出身でした。名士というのは、母方の一族のことです。父親は、養子でした。

Pさんは、その流れの中で、小さい頃からX大学に進むことが期待されていたのですが、残念ながら、成績がそこまで良くはなかったのです。一方、二歳年下の妹は成績優秀でやがてX大学に進学し卒業します。Pさんは、成績がそれほど良くなくても、小学校の時には「やれば出来る子」と両親や親戚が言うのを信じていたのです。しかし、中学受験、高校受験ともに失敗し、大学受験では、結局二年浪人してもX大学に合格することはできませんでした。

一方、妹はX大学の理系の学部に合格しました。Pさんは、偏差値がX大学より低いY大学（しかし、一般には一流大学と言われている）に進学し、まじめに勉強し、良い成績で卒業しました。Pさんにとって、専攻していた社会心理学は、とても興味深いものだったのです。また、英語の勉強にも熱心に取り組み、TOEICでは高得点をとっていました。Pさんは、大学卒業後、両親と親戚からの「経験のため」というアドバイスに従い、一般企業に就職します。「経験のため」というのは、やがて実家の会社を継ぐことが決まっていたからです。当時は就職難でしたが、学校での成績が良かったことと、TOEICの得点が高いことで、Pさんは一流と言われる企業に就職しました。妹は、大学院に進むことになりました。母親は、Pさんがいくら優秀な成績で一流企業に受かっても、あまり喜びませんでした。母親によれば、Pさんの成績はX大学ではないY大学での成績であって、価値が無いのです。一方、妹の大学院進学は手放しで喜んでいました。

五年ほどその会社で勤めた後、Pさんは親の勧めでアメリカに留学することになります。「これからは、MBAぐらい取ってなきゃだめよ」という母親からの意見も強く影響していました。Pさんは、留学を希望していたわけではなく、ちょうど会社での仕事が面白くなっていたところだったのです。しかし、母親の執拗な説得に折れ、Pさんは、留学を承諾することになります。母親にすれば、X大学に行けなかったPさんにアメリカ大学院留学とMBA取得という箔をつけたいという気持ちだったのでしょう。

Pさんは、留学先で興味のないMBAのクラスに疲れ、結局修士号を取得することができず、帰国することになりました。帰国後は、実家の親族会社の取締役になるのですが、その際のプロフィールにアメリカのZ大学大学院修了と書かれていました。これは、Pさんが知らないところで、母親が勝手に書き換えてしまったものなのです。Pさんは、Y大学出身ということに誇りを持っていたのですが、母親は、最終学歴がX大学でもアメリカのZ大学院でもないことが許せなかったのです。母親は、その後もPさんの人生に介入していきます。勝手にお見合いを設定し、Pさんが断ったにも関わらず、相手方に承諾の返事をしてしまったこともあります。そのときには、Pさんがはっきり断ったので事なきを得ましたが、母親は親族会社の専務という立場でしたので、これ以外にも、公私に渡ってさまざまな場面で、Pさんの人生に介入してきました。Pさんはやがてうつになり、私のセッションを受けることになったのです。社長は父親でしたが、実権は母親が握っており、父親はほとんど仕事もせず、家にも帰ってこないという状態でした。

Pさんとは、「第2章　心の傷とその影響[1]」中の「見えないコントロール」中の「かみあわない会話」の例として紹介した小学校五年生の野球少年です。ちょっと復習すると、Pさんは小学校五年のときエースピッチャーのタケウチ君からホームランを打つのですが、お母さんはPさんの話をまったく聞こうともせず、洗濯物を洗濯かごにいれることばかりに注意を向けるのです。また、お母さんは、Pさんのつきあう友達を制限しました。例えば、野球少年のチバ君（野球はうまいが、勉強はできず、時々問題を起こしていた）とは、遊ばないように、と制限をしていきました。小四ぐらいからは、塾に行かされ、中学校受験の準備をさせられ、その他に英語の教室にも通うようになりました。このため、小学校の五、六年になると次第に友達と遊ぶということができなくなっていったのです。

それ以降、ずっと母親の影響下にあったPさんは、私とのセッションの中で過去の自分の人生を振り返り、このままでは自分がなくなってしまうという危機感を持ちました。そして、親族会社を退社し、別の会社で働くということで、母親と親戚の価値観・世界観からの独立を実現しました。独立を決意することにより、うつからも回復していったのです。

Pさんとのセッションの中で、一度だけ、Pさんの母親とお会いしたことがあります。お母さんは、聡明そうで、ブランド物の服に身を包み、一部の隙も無いような雰囲気を持っていました。母親が私のセッションを受けたのは、Pさんの勧めによります。Pさんが退職してから、母親の不眠が続き、体調を崩したのですが、身体的にはなにも異常がなかったので、一度カウンセリングを受けてみたらと話したのだそうです。

私とPさんの母親とのセッションは、一度だけです。セッションの中では、Pさんの母親は、夫に対する愚痴と、子供たちをいかに大切に思っているかを語りました。しかし、X大学に行けなかったことについては、Pさんのことを「やればできる子なのだけど、大事なときにだめな子」と話していました。私は「これまでPさんとお話してきましたが、Pさんがダメだとは全く思いませんし、むしろよく努力されてきて、結果も出している方だと思っています」と伝えました。話は、やがて、娘の話題に移っていきました。娘は企業の研究所に勤めていたのですが、Pさんの退職後、親族会社の取締役として入社させようと母親は考えていたのです。娘は拒否していました。私が子供たちはもう大人なのだから、自主性に任せたほうがよいのではないかと話したとき、彼女が言ったのは、以下のような言葉です。

「私は、ずっと前から子供たちの自主性を尊重してきました。私ほど、自由にさせていた母親はいないと思います。英語も塾も、子供たちが行きたいと言うので行かせたのです。それに私は、あの子たちが本当にかわいくて、なにも言うことはありませんし、これまでも、あの子たちを否定的に見たことはありません」

私は「でも、お母さん、先程Pさんのことを『やればできる子なのだけど、大事なときにだめな子』とおっしゃっていましたね？」と問いかけました。

すると、お母さんは無表情になり、「そんなことを私が言うわけがないじゃないですか？先生は、私を責めるおつもりですか？　これが、カウンセリングなのですか？」と言ってきました。

母親は、自我防衛機制で言う「否認」の防衛をしていたのです。彼女の中では、この瞬間、『やればできる子なのだけど、大事なときにだめな子』というセリフは消えているのです。

Ｐさんのお母さんのような人は、ダンスを踊ろうとしない人なのです。

Ｐさんのお母さんがセラピーに来たのは、実は不眠や気分の不調を治すのが目的だったわけではありませんでした。私がＰさんのセラピストだったということから、私からＰさんと、まだ会ったこともないＰさんの妹に、実家の会社に戻るように説得してもらおうとしていたのです。彼女によれば、それが、ＰさんとＰさんの妹にとっては、最も良いことなのです。Ｐさんのお母さんは「私は、子供たちの幸せだけを願っています」と、ことあるごとに付け加えました。

目論んでいることは、まったく子供たちの希望と反対のものだったのですが、Ｐさんの母親は諦めようとしないのです。Ｐさんが通っていたセラピスト（私）が「子供たちは実家の会社で働くべきだ。そしてそれこそが、子供たちの幸せなのだ」という、お母さんの意見に同意することを望んだのです。セラピストが同意すれば、お母さんは、「セラピストの先生も言っていたけれど……」と、子供たちへの説得の根拠のひとつとして、それを利用することでしょう。そして、こうした形のコントロールは、子供たちが小さい頃から受けてきたものなのでしょう。

私は、お母さんの意見に同意しませんでした。人それぞれ幸せの形があって、その形を選ぶのは、自分自身であることを、私は彼女に伝えました。Pさんの母親は「子供たちには、私が必要なのです。今までなんとかうまくいってきたのは、私がサポートしてきたからなのです。だから、これからも、サポートが必要なのです」と言います。私が「お子さんたちは、もうしっかり自立されていると思います。それぞれ、しっかりとご自分の考えをお持ちのようですから……」とお伝えすると、「それでは先生は、私はもう必要ないと言うのですか？ひどいじゃないですか？」と怒り出すのです。

Pさんのお母さんが本来取り組むべきテーマは、直接的には「子離れ」であり、本質的には「自己と他者の間に境界線を引き、異なる世界観・価値観を受け入れる」と言うことでしょう。しかし、いま現在の彼女には、そのテーマに取り組む意思はないのです。むしろ、そうしたテーマに蓋をして、目に映らないようにセラピーを利用しようと考えているのです。彼女にとっては、こうしたテーマに向き合うのは苦しすぎる体験だからなのです。Pさんのお母さんは、メインテーマに向き合わないように他者を必死にコントロールし、見たくない事実に対しては、否認という自我防衛機制を使っているのです。

自分のメインテーマに向き合おうとせず、自分を変えていきたいという気持ちがなければ、クライアントとセラピストのダンスは成立しません。すなわち、セラピーにならないのです。これは仕方のないことです。向かい合うのが苦しすぎることに無理に直面させるというのは、その人にとっては残酷なことです。セラピストは、向き合えないことでクライアントをジャッジしたり非難すべきではありません。クライアントに準備ができて、直面化に耐えられるようになって、セラピーを受けたいと言うのであれば、ウェルカムで迎え入れたら良いのです。セラピストは、そうしたダンスを踊りたがらないクライアントに対しては、種をまくイメージを持てば良いでしょう。かみ合わず、クライアントにとっては満足のいかないセラピーであっても、その経験が、その人にとって、いつか少しでも役立てばいいくらいの感覚で良いかと思います。

Ｐさんのお母さんとのセラピーは、たった一度だけでした。Ｐさんも妹さんも親族が経営する会社には戻りませんでした。Ｐさんのお母さんは、その事実を受け入れなければならない状況になりました。それは、彼女にとっては、子育てにおける唯一の失敗に思える苦しい経験になったでしょう。しかし、その経験が種になれば、セラピストにとっては幸いと考えるべきです。種が発芽して、テーマと向き合おうと思った時のセラピストが私でなくても構わないのです。別のセラピストとのセッションでそのテーマに取り組み、乗り越えることがあったら、それはそれで喜ばしいことなのです。セラピストは、自分のセッションが、次のセラピストに引き継ぐバトンの意味合いもあることを、どこかで意識しておくべきでしょう。

Ｐさんのお母さんは、私がＰさんを洗脳したと思われていたようなので、私に対して好印象は持たず、一度のセッションで終わりました。しかし、このようなダンスを踊らない人たちは、長期間セラピストを非難し続けることも、依存し続けることも、コントロールを仕掛け続けることもあります。

5. 嵐の中でそこにいる

Ｐさんのお母さんのような、自己がしっかりと確立されていない人は、男女を問わず、たくさんいます。「自分」がどう考えるのか、「自分」がどう感じているのか、「自分」がどう決断するのかということが非常に曖昧なのです。このため、こうした自分を頼りにできない人たちは、何かに依存したり、誰かを攻撃したり、他者をコントロールしたり、誇大妄想的になったり、ひきこもったりという防衛を強くしていきます。

脆弱な自己感が表面化した時には、多くの人は内省し、自分の脆弱性を克服しようとするのですが、中には、内省をバイパスし、依存、攻撃、他者コントロール、誇大妄想、ひきこもりなどの自我防衛をすることがあります。こうした防衛は、ひとつのところに止まっているわけではなく、一人の人間が、ある時には依存し、ある時にはコントロールし、ある時には攻撃するといった具合に、状況によって、そのエネルギーの方向性は変わります。もちろん、誰もがこのような自我防衛をし得るのですが、中には、内省をほとんどせず、自我防衛に固執する場合があります。そして、近年、このような自我防衛に固執する人が増えていると私は考えます。

　そのエネルギーのターゲットがセラピストに向かうことは、当然のことながらあります。そして、それは、予想しない形で現れる場合があります。依存に固執する場合には、「私を救えるのは、先生しかいないのです」というかもしれませんし、セラピストをコントロールしようとする場合には、「私のように苦しんでいる人を、先生は見捨てるのですか？」と、セラピストの罪悪感を刺激してくるでしょう。攻撃の場合には、予想もつかないところから攻撃が仕掛けられる場合もあります。

　例えば、最初のセッションで、中学時代に受けたいじめを訴えた三十代の女性（Ｑさん）がいました。彼女の受けたいじめは、激しいものでした。無視、悪口、嫌なあだ名だけに収まらず、Ｑさんは、給食にゴミを入れられるというようないじめを受けました。私は、彼女に、「Ｑさんは悪くない」ということを伝えました。Ｑさんは「そういうことを言ってくれた人は、先生が初めてです」と言って泣きました。しかし、次のセッションで私はＱさんから激しく責められることになります。その時の会話は以下の通りです。

Ｑさん：「先生は、前回、『Ｑさんは悪くない』と言いましたよね？」

セラピスト（私）：「はい」
Qさん：突然大きな声で……「それが、虐待だということがわからないんですか！」
セラピスト：「えっ？　なぜですか？」
Qさん：「私は、自分が悪くないとは思えないんです！　それなのに『自分は悪くないと思え』と、私に強要するのは、虐待なのです！　そんなことがわからないのですか！」

Qさんは、大変な剣幕でした。Qさんは、ポジティブなコメント、共感的なコメントを受けると、次のセッションでは激しい怒りをセラピストにぶつけてきました。後にわかるのですが、Qさんは、両親からポジティブなコメントをもらって有頂天になっていると、必ずその気分を裏切られてきたのです。例えば、小学校高学年の時、絵を両親に褒められ、Qさんは有頂天になったのですが、ある日、夜中にトイレに起きた時、父親が「Qは、絵を描くぐらいしかできないな」と言い、母が「R（Qさんの弟）に期待するしかないわね」と答える会話を聞いてしまったことがあるのだそうです。そのようなことが続き、Qさんにとっては「褒められること」＝「裏切られる」なのです。

私が「Qさんは悪くない」と言った時、Qさんは少し癒されたのかもしれませんが、その幸福感が「自分は裏切られる」という思いを、想起させたのです。従って、Qさんに対する共感的な対応は、裏切られるという恐怖と絶望に直結するのです。Qさんの激しい怒りは、その恐怖と絶望に対する防衛なのです。

Qさんのような人は、内省するのがあまりに辛すぎるのです。そのため、依存、攻撃、他者コントロール、誇大妄想、ひきこもりなどの自我防衛に固執するのです。彼らは、外に向かってエネルギーを放射しながら自分を守ろうとしているのです。セラピストは、このような激しいエネルギーの中で、自分を保つ落ち着きと冷静な判断力を持たなければなりません。そして、彼らの激しい自我防衛の背景を理解しようとする姿勢が必要です。クライアントにとって、セラピストは夜の嵐の中の灯台のような存在です。どんなに激しく揺られても、そこにいつも灯台があるというような経験は、その時には「直面化→内省→変容」のプロセスには結びつかないかもしれませんが、それが将来、自分に取り組む心の体力ができた時に、何らかのヒントになればいいのです。

6. セラピストの「存在の力」

嵐の中でじっとそこにいる「存在の力」を作り上げるためには、セラピスト自身が変化し続けなければなりません。価値観・世界観の破壊、再構築、習慣化のプロセスを何度も何度も繰り返していくのです。

セラピストは、数多くのクライアントと会います。そして、クライアントは、ひとりひとり違いますし、一人のクライアントも、その時々で変化をしているわけです。ですから、いつも同じ手法がうまくいくわけではなく、そのため、様々な手法や理論をクライアントに合うようにオーダーメイドでセラピーを作っていかなければならないのです。統合的セラピーが必要なのはこのためです。

そして、クライアントとのセッションそのものが、「価値観・世界観の破壊と再構築」のきっかけにもなり得ます。つまり、クライアントがセラピストを成長させているという側面があるのです。特に、自分が苦手だと思うクライアントとのセッションでは、セラピストが直面すべきポイントが明確になっていきます。例えば、自己愛的なコントロールをされると過度に反応してしまう傾向のあるセラピストは、コントロール傾向のあるクライアントに対しては、不安や憤りやイライラ感といった感情を浮かべるかもしれません。また、逆に、コントロールの被害を受けているクライアントに対しては、何とかしたいという気持ちが必要以上に強くなり、セラピストとクライアントの間の境界線が不明確になってしまうということも起こり得るかもしれません。このように非定常な状態になった自分に気づいた時が、自分の限界に気づき、「価値観・世界観の破壊と再構築」に取り組むべき時なのです。

さらに、プライベートな生活の中でも、自らを探求しながら、自己変革を続けていかなければなりません。自己探求をし続けることは、セラピストの義務でもあるといって良いでしょう。

欧米の多くの臨床心理学の大学院では、学生時代から、自己探求のためのセラピーを受けることが義務付けられています。その後も、セミナーやワークショップに参加したり、再びセラピーを受けるなどということをしながら、自己探求をしていくのです。そうでないと、自分でも気づかない逆転移で、クライアントを傷つけてしまうかもしれません。そうした場合には、どこかで自分をごまかしています。つまり、ごまかすことでしか自分を守れないということになり、それは、そのテーマについては、十分な「存在の力」が育っていないと言えるのです。

そして、セラピストは、自分の喜怒哀楽などあらゆる感情のエネルギーを体験的に知っておく必要があります。そのためには、以前紹介した、ゲシュタルト療法のエンプティーチェアを使ったワークや、吉福伸逸の「無条件の愛のワーク」や「『どけ』のワーク」など、感情に直接働きかけるワークが助けになるでしょう。自分の生の感情の強さを体験的に知っておけば、強い感情が湧き出てきても、その感情を落ち着いて俯瞰することができます。つまり、感情を味わいながら、感情を味わっている自分を俯瞰する状態になるのです。

自分の強い感情を俯瞰できるようになると、他人の激しい感情もやはり俯瞰して見ることができるようになります。そうした落ち着きが出てくると、クライアントのアクティングアウトにも対応できるようになりますし、セラピストに対する攻撃、依存、コントロールに巻き込まれなくなります。また、クライアントの深い悲しみや絶望にも、うろたえずに共感することができるようになります。こうした状態になれば、セラピストとしてふさわしい「存在の力」を持っていると言えるでしょう。そこに至る道のりは厳しいものです。そこに至るためには、自分自身の限界を見極め、それを乗り越える、つまり価値観・世界観の破壊と再構築をやり続けなければならないのです。生老病死、常に新しい課題がやってくるからです。それは、別の見方をすれば、自分が越えるべきハードルに気づく機会でもあるのです。

最後に、吉福伸逸が主張していたセラピストに求められる資質を、私なりに解釈した言葉で以下に示します。

・非防衛的な態度。
・自分自身を観察できていること。Authenticity。
・あらゆる可能性にオープンであること。理論や常識にとらわれない柔軟性。
・表面的に現れているコンテンツではなく、その背景に流れるコンテクスト（文脈）に注意を払うこと。
・セラピストが安易に答えを出さない。クライアントをある種の不確実性の中に置く。

・クライアントのプロセスを徹底的に信じる。
・クライアントに対する純粋で無邪気な興味。
・ユーモアのセンス。

この資質を持つことができれば、セラピストは、様々なケースに対応することができます。そのために、セラピストは、自分を変え続け（成長し続け）、「存在の力」を強くしていかなければなりません。そこには、ゴールというものはないのです。

〔参考文献〕

（1）セイックラ，J.アーンキル，T.E.（2016）『オープンダイアローグ』日本評論社
（2）斎藤環（2016）『オープンダイアローグとは何か?』医学書院
（3）北川達夫著(2005)『フィンランド・メソッド入門』経済界
（4）キーガン，R.（2002）『あの人はなぜウンと言わないのか』朝日選書

あとがき

一九九七年から二〇〇〇年にかけて、CIIS（カリフォルニア統合学研究所）に留学中、最終学年（三年目）は、プラクティカムと呼ばれる実習に当てられました。実習先は、学校付属の施設か市内のカウンセリング施設で実際にクライアントを担当することになります。学生が基本一人でクライアントを担当するのです。学生には施設から一人、学校から二人スーパーバイザーがつきます。学校からのスーパーバイザーは、学生が先生に個々にコンタクトしてお願いするシステムでした。クライアントに対する責任は、施設のスーパーバイザーが負います。

私は、学校からのスーパーバイザーとして、一人は認知行動心理学を専門とする先生に、もう一人は人間性心理学、特にゲシュタルトセラピーを主なアプローチとする先生にお願いしました。お二人の先生は、快く引き受けてくれました。スーパービジョンのたびに、それぞれの先生は、もう一人の先生がどんなアドバイスをしているのか興味を持っていました。認知行動心理学の先生は、「この状況、ゲシュタルトでは、どうアプローチするって言ってた？」と私によく聞いてきたものでした。私が説明すると、「へー、なるほど」と興味を持って聞いていました。ゲシュタルトの先生も同じです。この時の経験は、私にとって、貴重なものになりました。

当時この話を日本でするると、「認知行動とゲシュタルトは水と油じゃないか」と言う先生もいて、多くの先生からは賛同を得られませんでした。あれから二〇年ほど経った今、日本でも多くのセラピストが複数の理論・手法を適用する統合的セラピーを実践しています。

統合的セラピーは、単に様々な理論・手法を知っていればいいと言うわけではありません。クライアントの状況を把握し、危機的な状況でも冷静さを失わない存在の力を持ち、クライアントと間主観的場を作りながらそのプロセスに寄り添う姿勢が、セラピストには求められます。セラピーの中では、クライアントとセラピストの相互作用の中でクライアントのプロセスが動きだし、クライアントにとって最も良い方向に進んでいきます。これが、セラピストの故・吉福伸逸さんの言う「パワー オブ ダンス」です。

本書は、統合セラピーの一つのやり方を示すとともに、この「パワー オブ ダンス」の大切さをお伝えできたらと思います。

本書を作り上げていく際に、様々な人たちに協力していただきました。二瓶智子さんは、初稿の段階から読んでいただいた、いわば最初の読者です。彼女からは、私が気づかなかったような様々な視点からご意見ご感想をいただき、本書に取り入れさせていただきました。

二瓶智子さん以外にも、最初に統合セラピーの考え方を教えてくれたCIISの先生方、サンフランシスコでのプラクティカム先のオリョーフ・アウトペイシェントやインターン先のRAMSのスーパーバイザーや同僚のみなさん、そして、統合セラピーを実践し、本書の根幹ともなる心の四つのエリアの概念を提唱し、私の拙い意見にも耳を傾けてくれてディスカッションをしてくれた、故・吉福伸逸さんに、深く感謝をしたいと思います。

向後善之　二〇一八年七月五日

著者プロフィール

向後善之（こうご・よしゆき）

神奈川県に生まれる。石油会社での会社員生活の後、渡米。CIIS（カリフォルニア統合学大学院）では、統合カウンセリング専攻。サンフランシスコ市営のRAMS（Richmond Area Multi-Services）他でカウンセラーとして働く。現在、東京恵比寿のハートコンシェルジュ（株）で主席カウンセラーを務める傍ら、大学院などで臨床心理学を教えている。

著書に『自分をドンドン傷つける「心のクセ」は捨てられる！』（すばる舎）、『人間関係のレッスン』（講談社現代新書）、『わかるカウンセリング――自己心理学をベースとした統合的カウンセリング』『カウンセラーへの長い旅――四十歳からのアメリカ留学』（コスモス・ライブラリー）他。共著に『吉福伸逸の言葉』（コスモス・ライブラリー）他。

パワー オブ ダンス――統合セラピーの地図

2018年8月11日 第1刷発行

発行所 (有)コスモス・ライブラリー
発行者 大野純一
〒113-0033 東京都文京区本郷3-23-5 ハイシティ本郷204
電話：03-3813-8726 Fax：03-5684-8705
郵便振替：00110-1-112214
E-mail：kosmos-aeon@tcn-catv.ne.jp
http://www.kosmos-lby.com/
装幀 河村 誠
装画 やさきさとみ
発売所 (株)星雲社
〒112-0012 東京都文京区水道1-3-30
電話：03-3868-3275 Fax：03-3868-6588
印刷／製本 シナノ印刷(株)
ISBN978-4-434-25087-3 C0011
定価はカバー等に表示してあります。

「コスモス・ライブラリー」刊行物

帝京平成大学専任講師　向後善之著
『わかるカウンセリング――自己心理学をベースとした統合的カウンセリング』
アメリカのトランスパーソナル心理学の拠点の一つＣＩＩＳで学んだ最新心理学・臨床心理学に基づき、コフートの自己心理学、精神分析、トランスパーソナル心理学などについて、レベルは落とさず、しかも極限までわかりやすく説いた入門書。カウンセリング初心者の方、最新臨床心理学を学びたい方に。
〈１８００円＋税〉

帝京平成大学専任講師　向後善之著
『カウンセラーへの長い旅――四十歳からのアメリカ留学』
四十歳で脱サラ後、いかにしてカウンセラーになったのか？　技術屋として某石油会社に勤めていた著者は、学生時代から心理学に関心があり、いつか本格的に学びたいと思っていた。三十代前半に、あるアメリカ人セラピストに出会ったことがきっかけで、四十歳の時にアメリカに留学することを決意した。そして苦手だった英語・英会話をある程度習得した後、著者は、意を決して長年馴れ親しんだ会社を去り、アメリカへと旅立った。めざすはＣＩＩＳ（カリフォルニア統合学研究所）。アメリカでの四年間の留学日記である本書を読むと、カウンセリング心理学を中心とした学習の実際が手にとるようにわかる。
〈１６００円＋税〉

アーノルド・ミンデル著／青木聡訳／藤見幸雄監訳・解説
『シャーマンズボディ――心身の健康・人間関係・コミュニティを変容させる新しいシャーマニズム』
ユング・カスタネダからミンデルへ！
プロセス指向心理学の創始者ミンデルは、アフリカ、日本、インドでのシャーマニズム体験から学んだ〝シャーマンズボディ〟（または〝ドリーミングボディ〟）の意義と重要性に様々な角度から迫り、われわれがそれと結びつくことが健康や精神的な成長、良い関係や深い共同体感覚をもたらすと言う。そこで、一般の人々がシャーマンズボディに結びつくための実際的な方法と、夢や身体の問題に対処するための具体的な方法としてのインナーワークを、「エクササイズ」として提示。さらにこうしたワークや新しいシャーマニズムが現在の世界にどのような影響を持つかを、国際紛争解決のための「ワールドワーク」などに言及しつつ、わかりやすく解説している。待望の名著の完訳！
〈2100円＋税〉

アーノルド・ミンデル著／青木聡訳／富士見幸雄監訳・解説

『大地の心理学――心ある道を生きるアウェアネス』

ドン・ファン、ファインマン、老子の教えに学ぶ。私たちの人生を導いている不可思議な力は何だろうか？　これが本書執筆の動機となった問いである。何が私たちをある日はある方向へ、そして次の日は別の方向へと動かしているのだろうか？　それは偶然だろうか？　それは心理学、物理学、それともシャーマニズムだろうか？　世界の外的な出来事、あるいは宇宙の秩序だろうか？

この問いに答えるため、プロセス指向心理学の創始者ミンデルは物理学、心理学、そして大地に根差した先住民の世界観やシャーマニズムに関する個人的体験からさまざまな考え方を自由に取り入れて、「道の自覚」というまったく新しい重要な概念を定義、探求、摘用していく。待望の最新著の完訳！
〈2300円＋税〉

エイミー・ミンデル著／佐藤和子訳／諸富祥彦監訳・解説

『メタスキル――心理療法の鍵を握るセラピストの姿勢』

〝メタスキル〟とは、すべてのカウンセリング／心理療法の根底にあり、あらゆる学派を超えて、セラピーの成否の鍵を握る〝何か〟である。今、注目されつつあるプロセス指向心理学の創始者アーノルド・ミンデルのパートナーである著者が、豊富な事例によりプロセス指向心理学の実際を史上初めて公にし、〝メタスキル〟の視点から検討する。
〈2000円＋税〉

ゲアリー・リース著／田所真生子訳／明治大学教授　諸富祥彦監訳・解説

『自己変容から世界変容へ――プロセスワークによる地域変革の試み』

草の根から世界変容へ……。内的成長が社会変革に結びつく。社会変容のファシリテーターになるために。本書は、ガチンコ勝負が得意なプロセスワーカー、ゲアリー・リースによる地域臨床のリアルファイトの記録である。

『紛争の心理学』の著者アーノルド・ミンデルが創始したプロセス指向心理学をベースに、暴力、ドラッグ、無気……地域が抱えるさまざまな問題に取り組んだ成果がわかりやすく示されている。
〈2200円＋税〉

ジェイムズ・ホリス著／神谷正光＋青木聡共訳

『「影」の心理学——なぜ善人が悪事を為すのか？』

ユング心理学の中核概念のひとつである「影」とのつきあい方を丹念にまとめあげた快著。

できることなら目を逸らしておきたい自分の一部、ユングはそれを「影」と呼んだ。端的に言えば、「影」とは生きられていない「私」である。「私」は親・夫・妻・会社員・教師等々として、いわば「善人」として社会に適応するために、努力して「仮面」を作り上げていき、それとほぼ「同一化」して日常生活を営んでいく。一方、その過程で「私」に切り捨てられた自己の諸側面は、背後から「私」を追い回す「影」となってしまう。そして「仮面」が「私」に張り付いて一面的な生き方や考え方に凝り固まってしまう時、「影」は根本的な変化を求めて「私」に襲い掛かってくる。

善人が不意に悪事を為してしまうのも、心の隅に追いやられていた「影」のせいである。が、たいていの場合、「私」は「影」を自分の一部として認めようとしない。それどころか、無意識のうちに「影」を不快な他者に投影して自分から遠ざけてしまうこともある。しかし、ユングはこの「影」と「真摯に向き合う」ことを勧めている。なぜなら、「影」の目線で「私」を見つめ直すことによって、少しずつ「私」の変容が始まるからである。その取り組みが真摯であればあるほど、内面に生じた分裂を俯瞰し、かつ統合する新たな視点が育まれていき、やがてその影響は周囲にも波及していくに違いない。

〈1800円＋税〉

ジェイムズ・ホリス著／藤南佳代＋大野龍一共訳

『ミドル・パッセージ——生きる意味の再発見』

人生後半を豊かに生きるために——ユング派分析家からのメッセージ

人によってその時期と訪れ方はさまざまだが、一般に「中年危機」と呼ばれる人生の転換機が必ずやってくる。思うにまかせぬまま、人は空虚さ、混乱、倦怠、惨めさ、抑うつ等に悩まされる。しかしそこには、実り豊かで創造的な後半生と、自己の全体性を実現するための、深いこころの知恵が秘められている。

欧米でロングセラーを続ける、アメリカ心理学会重鎮の快著。すぐれた人生論、教養書としても読める本書は、ミドルだけでなく、よりよい生き方を模索する若い世代にも実り多い読書体験を約束してくれるだろう。

〈1600円＋税〉

アルバート・クラインヒーダー著／青木聡訳

『病いとこころ——からだの症状と対話する』

すべての病気には、こころの動きが伴っている。ユング派の心理療法家である著者は、さまざまな病気に苦しんだ経験や心理療法の事例から、症状の背景にある元型的な物語を見抜き、そのイメージの中に深く入っていくことを提唱する。自己の全体性を目指す能動的想像

（アクティブ・イマジネーション）の実際。

〈1200円＋税〉

ユング派心理療法家　トマス・ムーア序文／心理占星術研究家　鏡リュウジ解説／臨床心理士　青木聡序文翻訳

『ヨブ記』

「神よ、私が何をしたというのですか？」生きる不条理に聖書はどのような答えを出したか。

『失われた心　生かされる心 Care of the Soul』『ソウルメイト Soul Mates』により全米で爆発的な「魂ブーム」を巻き起こしたユング派心理療法家トマス・ムーアが、『ヨブ記』の謎に迫り、それを人生における苦悩の役割について考えさせるものと捉え、みずからの体験に照らし合わせながらその現代的意義を読み解く。また、イギリスの心理学的占星術を日本に紹介し、従来の「占い」のイメージを一新した気鋭の心理占星術研究家鏡リュウジが、ユングの『ヨブへの答え』などに触れながら、聖書中のこの不思議な物語を現代人にとって決定的な意味を持つものとして提示する。

〈1400円＋税〉

ヒューマン・ギルド代表　岩井俊憲著

『アドラー心理学によるカウンセリング・マインドの育て方――人はだれに心をひらくのか』

現在静かなブームとなっているアドラー心理学をベースに、カウンセリングの専門家でない人も、すでに学んでいる人も現場で実際に生かせるよう、図版を用いてわかりやすく「簡易カウンセリング」のノウハウを紹介。本書はとりわけ、バブル崩壊後、生産性向上の名の下に失われていた「ビジネスマンの尊厳」を回復することを新しい世紀に向けての企業社会の新たな目標に掲げ、そのためにカウンセリングの理論や技法を適用することをめざしている。

〈1600円＋税〉

ヒューマン・ギルド代表　岩井俊憲著

『失意の時こそ勇気を――心の雨の日の過ごし方』

無理せず、あせらず、そして勇気をもって失意の時（心の雨の日）を乗り切るための知恵

人生で逆風が吹いている時（陰の時）には、その「陰のメッセージ」を読み取ることが必要である。著者は、自らの人生を振り返りつつ、失意の時（心の雨の日）を過ごすための五つの知恵を提示している。

■人生の晴れの日、雨の日■心の雨の日を過ごした人たち■二毛作の人生を生きる■心の雨の日を過ごす五つの知恵■真の楽観主義、そして勇気を

〈1500円＋税〉

明治大学教授　カウンセラー　諸富祥彦著

『カール・ロジャーズ入門――自分が〝自分〟になるということ』

「カウンセリングの神様」カール・ロジャーズ。自分が〝自分〟になるとは、私が「これが私だ」と実感できる〝私〟になるとは、どのようなことか。「抑圧家族」で育てられたアダルト・チルドレン、ロジャーズの人生そのものが、自分が自分自身になるというカウンセリングの本質的テーマをめぐって展開されていた。「人間・ロジャーズ」に焦点を当て、その生涯と思想形成の歩みを解明すると共に、そこから生み出された理論と実践のエッセンスを分かりやすく説いた格好の入門書。〈2400円＋税〉

デイヴ・メァーンズ著／岡村達也＋林幸子＋上嶋洋一＋山科聖加留訳／諸富祥彦監訳・解説

『パーソンセンタード・カウンセリングの実際――ロジャーズのアプローチの新たな展開』

カール・ロジャーズが創始したパーソンセンタード・カウンセリング。欧米におけるその最新の発展の成果と磨き抜かれた臨床実践の実際をわかりやすくまとめたもの。〈主な内容〉治療条件を拡げる／カウンセラーの成長／治療同盟／治療過程／パーソンセンタード精神病理学／イギリスにおけるロジャーズ派カウンセリングに学ぶ（諸富）〈1700円＋税〉

ブライアン・ソーン著／岡村達也＋林幸子＋上嶋洋一＋三國牧子訳／諸富祥彦監訳

『カール・ロジャーズ』

「カウンセリングの神様」カール・ロジャーズの生涯と理論、そのカウンセリングの実際まで、この一冊ですべてがわかる入門書。同時に、ロジャーズのカウンセリングにおけるスピリチュアルな側面にはじめて正面から光を当て、ロジャーズ・ルネッサンスを巻き起こす問題の書でもある。畠瀬稔氏のインタビューも掲載。カウンセリングを学ぶすべての人に捧げる必読の書！〈1800円＋税〉

カール・ロジャーズ著／畠瀬稔監修／加藤久子・東口千津子共訳

〔英和対訳〕『ロジャーズのカウンセリング（個人セラピー）の実際』

進行中のセラピー（第17回目）の全実録。ロジャーズのカウンセリング面接ビデオ『Miss Mun』（撮影時期一九五三年―五五年頃）は、実際のセラピーの場面そのものをクライアントの諒解の下に収録したものとして貴重である。、その日本語版が作成されたのに合わせて、録音の内容を英和対訳でテキストとしてまとめた。ロジャーズの心理療法の核心が最もよく表現されているこのミス・マンとの面接は、多くのサイコセラピストやカウンセラーにとってきわめて有益な、パーソンセンタード・カウンセリング実習の最上のテキスト。〈600円＋税〉

カール・ロジャーズ著／畠瀬稔監修／加藤久子・東口千津子共訳

〔英和対訳〕『これが私の真実なんだ——麻薬に関わった人たちのエンカウンター・グループ』

一九七〇年に原版が制作された Because That's My Way は麻薬に関わった人たちのエンカウンター・グループの記録映画で、名誉あるピーボディー賞を受賞した。この賞は、放送、記録フイルム、教育番組のすぐれた作品に授与される格式の高い賞で、放送界のピューリツアー賞といわれている。

一九六〇年代後半、アメリカではベトナム戦争反戦運動が高まり、ヒッピーや反体制派が広がる中で、若者たちによる麻薬の濫用が深刻な社会問題になっていた。そうした状況の中でピッツバーグの教育TV局の依頼に応じて、麻薬関係者のエンカウンター・グループが企画され、開催された。

ロジャーズが見事なファシリテーター役を果たしているこの映画を見ると、アルコール中毒者、犯罪者、少年院、刑務所、紛争事態、学級経営、生徒指導、組織運営のあり方などにもエンカウンター・グループ的なアプローチを広げてゆくことが十分に可能だと強く感じられる。その日本版が制作されたのに合わせて、スクリプトを英和対訳テキストとしてまとめたもの。

〈1000円＋税〉

パトリック・ライス著／畠瀬稔＋東口千津子訳

『鋼鉄のシャッター——北アイルランド紛争とエンカウンター・グループ』

ロジャーズの先駆的エンカウンター・グループの記録。北アイルランド紛争は、英国が十二世紀にアイルランド島を支配して以来続いていた。貧しいカトリックと裕福なプロテスタント。何世紀にも渡った憎しみ合い。紛争は泥沼化していた。一九七二年、ロジャーズらは、北アイルランドの首都ベルファーストから来たプロテスタント四名、カトリック四名、英国陸軍退役大佐一名と、三日間二十四時間のエンカウンター・グループをもった。本書はその記録であり、社会的・国際的紛争解決への示唆を与えてくれるであろう。

〈1600円＋税〉

明治大学教授　カウンセラー　諸富祥彦著

『自己成長の心理学——人間性／トランスパーソナル心理学入門』

マズロー、ロジャーズ、ジェンドリン、フランクル、ウィルバー、グロフ、ミンデル、キューブラ・ロス……人間性／トランスパーソナル心理学のエッセンスがこの一冊でわかる決定版！　著者秘蔵の写真も満載！

NHKラジオで二〇〇二年に放送された番組「こころをよむ」のテキスト『生きがい発見の心理学　「自分」を生きる　「運命」を生きる（上・下）』をもとに加筆・削除・修正を加えて書き改め、さらに生きづらいこの時代を生き抜く知恵を説いた最新エッセイを新たに収録！

■生きがいの喪失■「自分を生きる」心理学■「生きる意味」の心理学■「自分を超える」心理学■エッセイ集：生きていくためのヒント

〈2400円＋税〉

明治大学教授　カウンセラー　諸富祥彦著

『フランクル心理学入門――どんな時も人生には意味がある』

『夜と霧』『それでも人生にイエスと言う』の著者として世界的に有名なフランクルの心理学のエッセンスを、初めて体系的に、かつわかりやすく説いた画期的入門書。「心のむなしさ」にどう対処し、「生きる意味」をどのように発見したらいいか、「中年期」の危機をどう乗り越え、「老い」に対する態度をどう変えたらいいかといった、一般の方々の自己発見や癒しのためのセルフ・ヘルプに供するだけでなく、学校現場や企業で、また専門家にも役立つよう、人物・自己発見篇の他に原理・臨床・資料篇を加えた。

〈２４００円＋税〉

『パーソンセンタード・アプローチの最前線――ＰＣＡ諸派のめざすもの』

ピート・サンダース編著／キャンベル・パートンほか著／近田輝行ほか監訳／末武康弘ほか訳

パーソンセンタード・セラピーを本当に学びたい人のための最新テキスト。ＰＣＡ諸派の発展と新たな展開、その共通点と違いを明らかにする。

■ＣＣＴ・ＰＣＡの歴史：出来事・年代・考え方■古典的クライエントセンタード・セラピー■フォーカシング指向心理療法■体験的パーソンセンタード・セラピー■心理療法への実存的アプローチ■誠実な統合に向けて■補足：パーソンセンタード・アプローチ：カウンセリングとセラピーにおける位置づけ

〈２２００円＋税〉

『ジェンドリン哲学入門――フォーカシングの根底にあるもの』

諸富祥彦・村里忠之・末武康弘　編著

フォーカシングの原点ジェンドリンの思想について、その全容を解き明かしたはじめての入門書。

心理臨床を支える現代思想の最前線！

■ジェンドリン哲学への小さなガイド■『体験過程と意味の創造』新装版の序文（一九九七）■『体験過程と意味の創造』についての■ジェンドリンの現象学■現象学的概念か現象学的方法か――夢についてメダルト・ボスを批判して――」（一九七七）■ジェンドリンの倫理学――「過程価値」ないし「プロセス・エシックス（過程倫理学）」■身体―環境、暗在的含意と生起、進化そして行動――『プロセスモデル』第Ⅰ章～Ⅵ章■『プロセスモデル』第Ⅶ章にみるジェンドリンの言語論■プロセスモデルのⅧ章について――フォーカシング＆ＴＡＥの真の用途■ＴＡＥとは何か？■体験過程論における自己同一性の問題■『プロセスモデル』用語集

〈２６００円＋税〉

カール・ロジャーズ＋H・ジェローム・フライバーグ著／畠瀬稔＋村田進訳

『学習する自由・第3版』

ロジャーズの教育論・実践の発展的継承。最近『ロジャーズが語る自己実現の道』『ロジャーズを読む・改訂版』『ロジャーズ再考――カウンセリングの原点を探る』さらに『カール・ロジャーズ　静かなる革命』が相次いで刊行され、再評価の気運が高まっているカール・ロジャーズ。本書は、そのロジャーズの『創造への教育』および『新・創造への教育』のエッセンスを継承しつつ、アメリカにおけるその後の教育状況の変化を踏まえて、新たにヒューストン大学教育学教授ジェローム・フライバーグによって大幅に増補・改訂され、今日の教育状況の改善に資するようアップデートされて、*Freedom to Learn : Third Edition* として一九九四年に出版された待望の書の全訳。

〈3400円＋税〉

特定非営利活動法人　乳幼児親子支援研究機構
石井栄子・小山孝子著

『フォーカシング指向親向け講座――親子のためのホット講座』

子育てのイライラに巻き込まれず、ほっとしながらできる子育て、問題解決を急がないやり方はないのだろうか？

こうした悩みに応えるため、本書は〝フォーカシングマインド〟にもとづいた〝フォーカシング指向親向け講座〟についてわかりやすく説明し、誰でもやさしくできる子育てを応援し、そのための多くのヒントを提供する。

〈1000円＋税〉

マルタ・スタペルツ＆エリック・フェルリーデ著／天羽和子監訳／矢野キエ、酒井久実代共訳

『子ども達とフォーカシング――学校・家庭での子ども達との豊かなコミュニケーション』

学校や家庭で子ども達と心の通う関係を作るためにフォーカシングを活用した、
子ども達のからだの知恵を聴く具体例が満載！

欧米では社会の様々なニーズに応えるためにフォーカシングが活用されており、わが国でも学校現場や「いのちの電話」での対応に利用されるなど、着実にその活用範囲が広がりつつある。

本書では、長年にわたり児童心理療法士としてオランダで活躍してきた著者が、学校や家庭での子ども達とのコミュニケーションを促進するためにフォーカシングを活用するやり方を、豊富な具体例とともに詳しく説明している。

〈1900円＋税〉

アン・ワイザー・コーネル著／大澤美枝子・日笠摩子共訳／諸富祥彦解説

『やさしいフォーカシング――自分でできるこころの処方』

フォーカシングは、からだの智恵に触れ、生活に前向きな変化を生み出すための、やさしくてしかも力強い技法。本書は、そのフォーカシングによる自己探索と自己発見の生きた技法を学ぶために、読者が自分で練習できるよう工夫された、待望の書。

〈1800円＋税〉

アン・ワイザー・コーネル／バーバラ・マクギャバン著／大澤美枝子・上村英生訳

『フォーカシング・ニューマニュアル――フォーカシングを学ぶ人とコンパニオンのために』

フォーカシングとは、自分にやさしく連れ添って生きるための方法。本書は、そのトレーナーとして今、日本で最も人気のあるアン・ワイザー・コーネルが同僚のバーバラ・マクギャバンと共著で、二〇〇二年に開催された第14回フォーカシング国際会議」に合わせて書き下ろしたものの全訳で、フォーカシング体験に不可欠の知識を集大成し、「生涯にわたる気づきの技法」としてフォーカシングを学んでいる人々のプロセス全体をサポートすることを意図したものである。

〈2400円＋税〉

東京女子大学文理学部助教授　近田輝行著

『フォーカシングで身につけるカウンセリングの基本――クライエント中心療法を本当に役立てるために』

フォーカシングの体験はカウンセラーの基本的態度を身につけるための近道。クライエント中心療法の理解に不可欠の「体験過程」に焦点を当て、ロジャーズ、ジェンドリンからインタラクティブ・フォーカシングまでやさしく解説。

〈主な内容〉カウンセリングをめぐって／ロジャーズからジェンドリンへ／体験過程をめぐって／フォーカシングの実際／フォーカシングのバリエーション／カウンセリングにおけるフォーカシングの活用

〈1600円＋税〉

アン・ワイザー・コーネル著／バーバラ・マクギャバン寄稿／大澤美枝子訳

『すべてあるがままに――フォーカシング・ライフを生きる』

三十五年にわたりフォーカシングの研究・実践・普及に尽力してきたアン・ワイザー・コーネルが、最初から最後まで本書で伝えようとしていることは、究極の受容、究極のやさしさ、すべてにイエスと言うこと。本書では、セラピストやカウンセラー、その他援助職の方だけでなく、広く一般の方が、自分の問題に自分で取り組めるように、この究極の哲学を、ただ理論や態度として学ぶだけでなく、例を示しながら具体的にわかりやすく説明し、技法として実際に練習できるように工夫されている。

〈2400円＋税〉

スクールカウンセラー　土江正司著

『こころの天気を感じてごらん――子どもと親と先生に贈るフォーカシングと「甘え」の本』

「感じ」の科学としてのフォーカシングに沿った、簡単で新しい、心の探検への誘い。

「今の心身の感じを天気に例えてみる。それを色えんぴつでさっと絵に描いてみる。学校の教室で行うわずか十五分の「心の天気描画法」によって、子どもたちは心と向き合う楽しさを発見できだろう。フォーカシング理論に基づいた作品の鑑賞法、コメント法により親や教師は子どもの気持ちが掴め、より良い関係を築けるようになるだろう。」（著者）

■第一部「心の天気」◎心を天気で表現することの意味◎フォーカシングについて◎心の天気を描画してみよう◎小学校での実践　◎研究と応用――心の天気から俳句作りにチャレンジ　■第二部「甘え論」◎心の天気はどのように晴れるのでしょうか◎自我　の働きと成長◎依存的甘え◎社会的甘え、異性間の甘え◎絶対的甘えと宗教◎甘え論のまとめと補足◎第三部「円座禅」◎円座　禅――フォーカシングと洞察話法のトレーニングのために――

（漫画多数掲載！）〈1800円＋税〉

キャンベル・パートン著／伊藤義美訳

『フォーカシング指向カウンセリング』

フォーカシングおよびフォーカシング指向カウンセリング／心理療法の理論と実践について、最新の知見を踏まえて簡潔、適確かつ包括的に紹介した画期的入門書。

統合を目指しているパーソンセンタード・アプローチ（PCA）諸派の最近の動向を視野に入れつつ、他学派へのフォーカシング指向カウンセリング／心理療法の幅広い応用可能性を示している。セルフ・ヘルプのためにフォーカシングの知識を深め、技能を高めたい一般の方にも最適。

■フォーカシング指向カウンセリングの起源■フォーカシング指向カウンセリングの中核■フォーカシング指向カウンセリングの記録■ジェンドリンの理論の概要■フォーカシング指向カウンセリングとセラピーの諸学派

〈1800円＋税〉

キャロライン・ブレイジャー著／藤田一照訳

『自己牢獄を超えて――仏教心理学入門』

「自己」は防衛のための「砦」に他ならない。それが「牢獄」となってわれわれの人生をさまざまに制限している。仏教の基本教義である五蘊や縁起を「自己＝牢獄」の生成プロセスとして詳細にとらえなおし、そこから脱していかに世界や他者に向かって開かれた生き方へと転換していくかを示す。理論篇と実践篇から成る、待望の仏教心理学の体系的教科書。

〈2500円＋税〉

山本次郎著

『カウンセリングの実技がわかる本◎上巻』

演習入門篇、進め方応用篇、フルコース案内篇から成る本書は、初心者カウンセラーの多くが求めていた実用書。カウンセラーの三つの基本的条件、ロールプレイ（初回面接の演習）の基礎、ミニ・カウンセリングの基礎知識など、実用的なヒントを満載。〈2500円＋税〉

『カウンセリングの実技がわかる本◎下巻』

エゴグラムや、フォーカシングや、過去・現在・未来などの「助言篇」と、後期ロジャーズ派の「助言なし解決編」を、わかりやすく説明。従来のカウンセリングの学習にありがちな「木を見て森を見ず」的傾向に陥らないため、「木」の部分にあたる上巻に対して、下巻は「森」の部分としてまとめてあり、上下二巻を併せ読むことによってカウンセリングの全体を理解することができる。〈2500円＋税〉

パメラ・J・バリー著／末武康弘監修／青葉里知子＋堀尾直美共訳

『「グロリアと三人のセラピスト」とともに生きて——娘による追想』

グロリアの〝その後〟についての貴重な証言

一九六五年にアメリカで公開された、史上初の心理療法のデモンストレーション映画「グロリアと三人のセラピスト」。これはアメリカのみならず世界各地で心理療法の教材映像として視聴されてきた有名な映画である。その内容は、当時のアメリカを代表する心理療法家、カール・ロジャーズ、フレデリック・パールズ、アルバート・エリスがひとりの女性の心理療法面接を行うというもので、そのクライアント役をつとめたのがグロリアという当時三十歳を少し過ぎた女性だった。この映画が公開されて以降、心理療法の映像資料は他にも多々制作されてきたが、現在に至るまで最も多くの人々に視聴され、内容についての分析や議論が数多く行われてきたと言われている。

本書は、グロリアの娘パメラが映画にまつわる母の思い出を綴るだけでなく、突然の病と死によって母が達成できなかった意志——映画撮影の経験とその後の彼女の人生や成長について真実を伝えること——を受け継ぎ、実現させるために書いた待望の書。〈1800円＋税〉

明治大学文学部教授　諸富祥彦編著

カウンセリング／臨床心理学を学ぶ人のための伝説のセラピストの言葉

現在一線で活躍しているセラピスト（カウンセラー）が、自分の実践を支えている、「伝説のセラピスト」の「とっておきの言葉」を披露し、わかりやすく解説。

「コスモス・ライブラリー」のめざすもの

古代ギリシャのピュタゴラス学派にとって〈コスモス Kosmos〉とは、現代人が思い浮かべるようなたんなる物理的宇宙（cosmos）ではなく、物質から心および神にまで至る存在の全領域が豊かに織り込まれた〈全体〉を意味していた。が、物質還元主義の科学とそれが生み出した技術と対応した産業主義の急速な発達とともに、もっぱら五官に隷属するものだけが重視され、人間のかけがえのない一半を形づくる精神界は悲惨なまでに忘却されようとしている。しかし、自然の無限の浄化力と無尽蔵の資源という、ありえない仮定の上に営まれてきた産業主義は、いま社会主義経済も自由主義経済もともに、当然ながら深刻な環境破壊と精神・心の荒廃というつけを負わされ、それを克服する本当の意味で「持続可能な」社会のビジョンを提示できぬまま、立ちすくんでいるかに見える。

環境問題だけをとっても、真の解決には、科学技術的な取組みだけではなく、それを内面から支える新たな環境倫理の確立が急務であり、それには、環境・自然と人間との深い一体感、環境を破壊することは自分自身を破壊することにほかならないことを、観念ではなく実感として把握しうる精神性、真の宗教性、さらに言えば〈霊性〉が不可欠である。が、そうした深い内面的変容は、これまでごく限られた宗教者、覚者、賢者たちにおいて実現されるにとどまり、また文化や宗教の枠に阻まれて、人類全体の進路を決める大きな潮流をなすには至っていない。

「コスモス・ライブラリー」の創設には、東西・新旧の知恵の書の紹介を通じて、失われた〈コスモス〉の自覚を回復したい、様々な英知の合流した大きな潮流の形成に寄与したいという切実な願いがこめられている。そのような思いの実現は、いうまでもなく心ある読者の幅広い支援なしにはありえない。来るべき世紀に向け、破壊と暗黒ではなく、英知と洞察と深い慈愛に満ちた世界が実現されることを願って、「コスモス・ライブラリー」は読者と共に歩み続けたい。